써나쌤의 러브레터

청소년 쉬키루들에게

청소년 쉬키루들 에게

오선화
지음

써나쌤의 러브레터

틔움

이만 명의
내 쉬키루들에게,
괜찮다고 말해주고 싶다

요즘 제일 짠한 쉬키를 카톡 프로필에 해놨더니 친구가 카톡으로 묻는다.

> 또 누구야?

누구긴 누구야. 내 쉬키지! ㅎㅎ

> 도대체 숨겨둔 애가 몇 명이야?

헐! ㅋㅋㅋ 글쎄, 아마도 백 명쯤???
그 쉬키들 배 속 거지까지 합치면
이만 명 쯤???? ㅋㅋㅋㅋㅋ

여기서 카톡이 끊겼다. 그리고 나는 이만 명의 내 쉬키루들이 보고 싶어졌다.

예전에 잡지 일을 한 적이 있다. 꿈을 이룬 사람들과 인터뷰를 할 때 자주 하는 질문이 있었다.

"어떻게 영화배우가 되셨어요?"

"어떻게 작가가 되셨어요?"

그럼 돌아오는 대답이 비슷한 경우가 많았다. 가장 많은 대답은 이랬다.

"그러게요. 어쩌다가 오디션장에 가게 되었고, 오디션보고 연기하다 보니 여기까지 왔네요."

"어쩌다가 글을 쓰게 되었고, 재미가 있어서 계속 쓰다 보니까 작가가 되었네요."

꿈을 이룬 사람들은 꼼꼼한 계획을 세우고, 그 계획에 따라 부지런하고 성실하게 꿈을 향해 나아간다고 배웠는데, 그게 아니었다. 그들의 입에서 가장 많이 들은 말은 '어쩌다가'다. 그리고 나도 같은 마음이다.

어쩌다가 청소년들을 만나게 되었다. 그들과 이야기하는 게 좋았고, 그들도 나와 이야기하는 걸 좋아했다. 한참 이야기를 하고 나면 "이제 괜찮아졌어요.", "정말 감사해요."라는 말을 하며 돌아갔다. 그 말이 너무 고마워서 그들을 위한 이야기를 찾고, 글을 쓰게 되었다. 그러다가 청소년 책을 출간하게 되었고, 강의 섭외가 들어왔다. 야매 상담(전문 지식이 없는 수다 같은 상담이라, 내가 이렇게 이름을 지었다)의 경험으로 아이들에게 이야기를 건네는 것처럼 강의했다.

"그냥 언니가 해주는 이야기처럼, 이모가 건네는 말처럼 들어. 공부하기도 힘든데 강의까지 딱딱하면 너희가 너무 힘들잖아. 우리 수다나 한 판 떨고 가자."

강의를 시작할 때 이렇게 말하곤 했고, 정말 그 마음으로 강의를 했다. 아이들이 좋아해 주었고, 정말 그것으로 충분했다. 강의 들은 아이들은 동네에서 야매상담을 했던 녀석들과 똑같은 말을 했다.

"이제 괜찮아졌어요."

"정말 감사해요."

그 말을 들을 때마다 가슴이 저렸다. 요 어린 녀석들이 그동안 뭐가 그렇게 괜찮지 않았던 걸까? 뭔가 더 도움을 주고 싶어 "이제 괜찮아"라는 마음을 담아 글을 쓰기 시작했다. 그리고 아이들이 공유하고 퍼뜨리면서 글을 읽은 아이들로부터 메시지와 이메일을 받았다. 그 내용도 같았다.

"이제 괜찮아 졌어요."

"정말 감사해요."

그래, 그거면 된다고, 충분하다고 답을 보내곤 했다. 그리고 그 글들이 모여 이렇게 책으로 나오게 되었다. 책을 통해 내가 말해주고 싶은 것도 같다. 이 녀석들에게 괜찮다고 말해주고 싶다. "괜찮아, 다 괜찮아."라고. 그 마음만 느껴준다면, 나는 그것으로 족하다.

어느 순간부터, 내가 만나는 청소년들이 내 자식처럼 느껴졌다. 첫사랑에 실패하지 않았더라도 이렇게 큰 자식은 없을 나이인데, 요 녀석들 마음속에 웅크리고 있는 꼬마가 보여서일까? 그 꼬마와 부둥켜안고 운 적이 많아서일까? 내 속으로 낳은 내 새끼 같다. 그래서 나는 녀석들을 '쉬키루' 혹은 '쉬키'라고 부른다. 책을 통해 말해주고 싶다. "쉬키들아, 이 책이 너희를 보듬어주었으면 좋겠다. 내 맘 알지? 너희는 정말 괜찮아, 다 괜찮아."라고.

-써나쌤

경고

이 책에는 청소년들의 언어 표현이 그대로 실려 있습니다.
그 표현을 보며 혀를 차시거나, 맞춤법을 논하시거나,
'요즘 아이들'이라는 표현으로
청소년들을 깍아내리시려는 어른이라면
이 책을 덮어주시기 바랍니다.
그러나,
마음속에 청소년을 품고 있는 어른이라면 환영합니다.
진짜 청소년들은?
열나 사랑합니다.

사랑하는
쉬키루 들에게

이 글을 보게 될 모든 쉬키루 들에게

쌤이 어제 커피를 마셨는데,
슈퍼에서 파는 병에 든 커피 말이야.
그 커피에 **1A등급 우유 사용**이라고
쓰여 있더라.

그걸 보는데
성적표 들고 울상을 짓고 있는
너희 얼굴이 병에 비추이더라.
그리고 쌤도 같이 울상이 되었고,
그때 깨달았지.

우유니까 등급을 매기는 게
칭찬이 될 수 있다는 걸.
우유, 치즈, 주스 이딴 거에
매기는 게 등급이라는 걸.
너희는
어떤 알파벳으로도
어떤 숫자로도
등급을 매길 수 없다는 걸.
그걸로 판단할 수는
더더욱 없다는 걸.

등급은
없어도 괜찮은 거에 매기는 거야.
그러니까 너희는 아니지.
너희가 없으면 세상도 없는 거니까.

**세상의 등급 따위를
네 삶에 붙이지 마라.**
너희가 있어야
세상도 있는 거니까
너희가 갑이야.

오늘 만난 쉬키루 들에게

아무리 먼 거리여도
난 달려갈 수밖에 없어.

너희를 위해 갔다는 걸
너희만은 다 알아주며 웃잖아.

너희에게는 어른에게서는 느낄 수 없는
마음자리가 있어.
거기에서 심장 박동 소리가 들리거든.

그리고 덩달아 내 심장이 뛴다.

우리 함께, 잘 살아보자.

돌이켜 보면
사랑했던 순간만큼은
정말 잘 살아있었으니까,
우리 사랑하며 함께 가자.

**너희에게는
어른에게서는 느낄 수 없는
신기한 사랑이 가득해.**

너희를 사랑할 수 있는
시간이 주어진다는 건 굉장한 행운이야.

억만금을 준대도
대형 아파트를 준대도
바꿀 수 없어.

가진 건 별로 없지만
울고 있는 쉬키루가 숨겨진
땅을 알게 된다면
내 소유를 팔아
그 땅을 살 수 있어야 해.

내게 주어지는 건 분명,
가르치는 시간이 아니라 사랑할 시간이니까.

언제나, 사랑하기에도
사랑만 하기에도 모자라다.

사랑한다,
눈에 넣어도 아프지 않을 쉬키들아.

한 해 동안 함께해준 모든
쉬키루 들에게

너희를 만나기 전에는
넘어진 사람을 보면
손잡아 일으켜주는 게
최고의 사랑이라 생각했어.

또다시 넘어진 사람에게는
단호하게 "일어나."라고 말해주는 게
더 깊어진 사랑이라 믿었어.

그런데 너희는 다르더라.

넘어졌을 때는 같이 넘어져 달라고.
같이 넘어져서 함께 울어 달라고.
울고 웃으며 넘어짐과 상관없는
다른 이야기를 나누자고.

너희는 내게 말했고
나는 그저 그 말을 들었어.
그것 말고는 해줄 수 있는 것이
아무 것도 없었거든.

같이 넘어져서 얼마나 시간이 흘렀을까?

너희는 어느새 일어나 있더구나.
그리고 내 손을 잡고 나를
일으켜 주었지.

"같이 넘어져서 고마워요."
"같이 넘어질 수 있게 해줘서 고맙다."

우린 그 짧은 대화에
마음을 통째로 주고받았던 것 같다.

한 해 동안 같이 넘어질 수 있게 해주어서
정말 많이 고마웠다.

내년에도 무르팍 좀 까져보지, 뭐.

왜 피흘렸냐고 묻지 않을게.
오히려 케찹같다고 웃어줄 거야.

어쭙잖게 위로하지 않을게.
오히려 쌤이 더 아프다고 징징댈 거임.

사랑을 준다고 설레발쳤지만
오히려 내가 더 많이 사랑받았음을
고백한다.

정말 많이 사랑한다.

15

앞이 캄캄하다는
쉬키루에게

손바닥으로 하늘을 가린 사람들은 말이야,
아무것도 보이지 않는다고 말해.
왜냐하면 그 손바닥 아래에서 그 손바닥만 보고 서 있기 때문에 그래.
그런데 너도 그 사람들 옆에서 그 손바닥만 보면서
그 말이 맞는 거 같다고 그럴 거야?

그래, 네 말대로 네 힘으로는 손바닥을 치울 수 없다 치자.
그래, 나도 그게 현실적으로 맞을 수도 있다고 생각해.
그런데 말이야, 쌤은 그 손바닥을 치워보자고 말하는 게 아니야.
누가 뭐라 하든,
누가 네 학력을 가지고 환경을 가지고 뭐라고 떠들든,
그건 그 사람들 손바닥이라고.
네가 그걸 같이 보고 서 있을 필요는 없다고 말하는 거야.

그냥 옆으로 비켜 서.
그 손바닥은 어리석어서 계속 그 자리에 있을 거야.
그러니까 그 손바닥을 치울 수 있든 없든 그건 상관없어.
그냥 네가 비켜 서.

이제 하늘이 보일 거야.
햇빛이 비칠 거야.
하늘은 사라진 게 아니라 잠깐 가려졌던 것뿐이니까.

오늘 중간고사를 개 망친
내 쉬키에게

아무것도 네 편이 아닌데
시험마저 등 돌리는 듯한 기분.
쌤도 알아.
쌤, 딱 봐도 시험 못 보게 생겼잖아^^

하지만 말이야.
쌤은 지나고 나서야 알았다.
시험 따위가 날 시험에 들게 할 수 없다는 걸.
근데 그게
한참 지나고 나서야 안다는 게 삶의 함정이지^^;;

그거 알아?
아무것도 할 수 없다는 걸 느낄 때는
그 어떤 것도 할 수 있다는 반전이 가능해^^

자신 있는 과목은 백 점 맞겠다는
네 말에 피식 웃음이 났다.
안 믿어서가 아니고, 귀여워서.

쌤도 맘 아프지만 잊고,
내일 다시 떠오를 태양을 보자고!

잊지 마,
쌤에게 넌 항상 백 점이야!
아니 이만점이야!
아니 이억, 이조…… 무한대야.

숫자는 인간에게 필요한 거지,
사랑에는 필요 없는 거잖아.

사랑한다, 내 쉬키.

개
'초'와 마찬가지로
느낌을 극대화시키는 접두사이나,
'초'보다는 부정적인 의미로
많이 쓰인다

별이 된 쉬키루 들에게

거 봐, 오래 걸리지 않지?
30초면 되는 거였어.

네가 널 용서하고
네가 너에게 미안하다고
말하는 시간
내가 네 편이라고 말하고
널 안는 시간
우리의 마음이 닿아
그동안의 상처가 별이 되는 시간

30초면 충분했어.

도망치고 싶었던 무수한 시간
그동안 멎었던 너의 심장
이제는 떠올리지 말자

다시, 두근두근
사랑한다
다시, 두근두근
이제 너는
가장 찬란한 별이다.

오늘 상처 난
내 손가락 에게

많이 짜증 나고 힘들었지?
속상하고 화도 났지?

쌤도 알아.
왜 모르겠어.

너도 알지?
위로받고 싶은 너에게
쌤이 해주는 위로라고는
핫초코를 들고
함께 걷는 것밖에 없었지만
괜히 쓸데없는 얘기를
이것저것 꺼내놓는 쌤을 보면서
너는 얄궂게 쳐다봤지만
네 맘은 고개를 끄덕거리고 있던걸?

히히히.
뭐, 다 그런 거 아니겠냐?
어쭙잖은 위로보다
그냥 내가 언제나 무조건 네 편이고
네가 그 맘을 알면 되는 거잖아.
그러니까 그 상황에

쌤이 나오라니까 나와서
쌤하고 같이 걸어준 거지?

알아, 다 알아.
그리고 괜찮아.
완존 다 괜찮아.
**지금의 상처가 순간이지
영원이 아닌데 뭐.**

너 설마 그게 영원이라고 생각했다면
길가다가
돌멩이에 걸려 넘어졌다고
그 돌멩이가
널 쫓아온다고 생각하는 거 하고
똑같은 거야^^

괜찮아, 괜찮아

답이 없다는  쉬키루 에게

얼마 전에
엄청 잘나가는 몇 분을 만났어.

그 분들과 밥 먹고 차 마시면서
청소년을 위한 책과 강의가
다른 분야에 비해 얼마나 돈이 안 되는지
얼마나 유명해지기 힘든지
얼마나 성공과 거리가 먼지 알았어.

그리고 깨달았지.
내가 왜 너희만 보면 가슴이 뛰는지
왜 이렇게 얘기하는 게 마냥 좋은지
그제야 알게 된 거야.

쌤은 어느새 세상의 기준을 뛰어넘어
너희에게 가고 있었던 거야.

돈과 유명과 성공을 좇아가는 게 아니라
그것들을 초월한 열정과 진심과 사랑?

쫌 쩔지? ㅎㅎ
'마냥 좋음'을 이길수 있는 건 없어.

너는 돈을 벌고 싶어서 다른 걸 하겠다고 했지만
쌤은 네가 돈 따위를 초월한
'마냥 좋음'을 했으면 좋겠어.

너는 나이 들어서 후회되는 게 뭐일 거 같아?
돈을 충분히 벌지 못한 거?
아닐걸?
그냥 좋은 걸 충분히 하지 못한 거 아니겠어?

만약 그렇다면 말이야,
다시 한번 생각해 봤으면 좋겠어.

쌤도
돈에 대한 후회는 없을 거 같아.
하지만
마냥 좋은 너희를
더 사랑하지 못한다면
그건 뼈아프게 후회될 거 같아.

그래서
어제보다 오늘 더 사랑하고 싶어
안달하는 거야.

나중에 하면 후회할 것을 지금 해.
그게 지금 너의 답이 되어 줄 거야.

그래도 엄마가
밉니?

청소년 쉬키들이
엄마를 미워하는 경우를 많이 보았어.

내 마음을 몰라요.
아무것도 해주지를 않아요.
돈이 너무 없어요.
나를 때렸어요.
무조건 지시해요.
나를 가만 놔두지 않아요.
나를 두고 집을 나갔어요.

너희는 엄마가 미안하다고 말해야 한다지.
그렇지 않으면 계속 삐뚤게 살 거라며
으름장을 놓기도 하지.

난 그 쉬키들의 손을 잡고 말하곤 했어.
혹시 이렇게 생각해봤어?

엄마는,
네 마음을 알고 싶은데 네가 마음을 보여주지 않는대.
돈을 많이 벌고 싶은데 뼈가 부서지게 일해도 그것뿐이래.
때려야 말을 듣는다고 배워서 그렇게 해야 하는지 알았대.

무조건 지시하지 않고 대화를 시작하면 네가 거부할까 봐 겁난대.
너를 가만 놔두면 네가 또 그런 잘못을 저지를까 두렵대.
너를 데리고 가고 싶었는데 같이 굶어 죽을까 봐 무서웠대.

그래서
미안하대.

그래서
오늘도 널 위해서
조금 덜 먹고 조금 덜 자고
조금 더 일하고 조금 더 힘들대.

어느새 청년이 된 쉬키들이
그때는 엄마의 마음을 너무 몰랐다며
오열하는 경우를 많이 보게 된다.

그 녀석들은 한결같이 말하더라.
엄마가 미안하대요.
엄마가 왜요,
내가 미안한데,
내가 다 잘못했는데,
엄마가 왜 미안해요…….

아직도
엄마가 밉니?

강의 전에 들려 준
이야기

친한 동생들이랑 서울역에 봉사 갔을 때, 맨발의 노숙자 아저씨를 만났어.
우린 가지고 갔던 슬리퍼를 다른 분들에게 모두 나눠드리고 난 다음이라
그저 죄송할 뿐이었지.

그런데 한 동생이 "잠시만요"하더니
가방을 열어 슬리퍼를 꺼내는 거야.
나는 슬리퍼 하나를 슬쩍 챙긴 줄 알고 얄궂게 쳐다봤지.
그런데 그게 아니었어.
캠프 다녀오는 길이라 가방에 슬리퍼가 있었던 거야.
꽤 좋은 브랜드였지.
동생은 그 슬리퍼를 꺼내 노숙자 아저씨 발에 신겨 드렸어.

나는 그 모습을 보며 생각했어.
내가 너희에게 하는 강의가 그 슬리퍼였으면 좋겠다고.
그리고 너희가 그 슬리퍼를 신고 알았으면 좋겠어.
너희들은 결코 맨발이 아니라는 거…….

맨발로 자갈밭을 걷느라 많이 아팠지?
미안해, 나이키 운동화는 아닐 거야.
그래도 괜찮다면 내가 가져온 슬리퍼를 신고 걸어줘.
이제 다, 괜찮을 거야.

누군가는 너를
문신으로 기억하겠지.
너의 팔에 그려진 문신이
멀리서도 눈에 띌 만큼 선명하니까.

누군가는 너를
파란 머리라고 부를 거야.
너의 머리카락은
정말 튀는 파란색이니까.

누군가는 너를
학교 그만둔 애라고 설명하겠지.
스펙 가득한 세상에서
학력도 없이 어찌 살겠냐고
혀를 찼으니까.

그런데 내가 만난 너는
지금 그대로 그저 맑음이었다.
문신 보여도 괜찮냐며
함께하는 나를 배려하고
어쭙잖은 조언에도
고개 끄덕이며 웃어주고

27

아빠의 폭력을 떠올리다가도
이제는 다 괜찮다고 말해주는
너는
엄마 배 속에서부터
사랑받고 싶었을 뿐
그 어떤 잘못도 하지 않은 아기더라.

네 문신보다 내 죄가 짙고
네 머리보다 내 이기가 도드라져서
나는 너에게 뭐라 할 자격이 없어.

그냥 손잡아줄게.
내 손이 좀 따뜻하거든.

손잡고 가자.
네 마음이 지금 너만큼 자라나면
그땐 네가 먼저 잡아줘.
그때까지 놓지 않을게.

약속!

엄마가 제일 싫다는
쉬키루 에게

무슨 말을 해줘야 할지 몰라서
우선 집으로 들어가라고만 했는데
이제 말해줄게.

혹시 그거 아니?
엄마도 너에게
좋은 엄마이고 싶어서
안달하신다는 거.

이해할 수 없겠지만 사실이야.
엄마는 좋은 엄마이고 싶은데
좋은 방법을 모르고 있는 것뿐이야.

자신이 공부를 안 해서 이렇게 힘드니까
넌 공부 열심히 해서
행복해지기를 바라는 거야.
자신이 돈이 없어서
너에게 많은 걸 해주지 못해서 미안하니까
넌 돈을 많이 벌어서 자식에게 많은 걸 해주는
부모가 되기를 원하는 거야.

그래, 물론 말이 안 돼.

공부를 죽도록 해도 행복하지 않을 수 있고
돈이 적어도 행복할 수 있어.

하지만 엄마가 살면서 보아 온
행복해 보이는 대부분 사람들이
공부를 잘하고 돈이 많았던 거야.
그러니까 너도 그 대부분에 속하기를
간절히 바라는 거지.

네가 이해하지 못해도
엄마는 분명 널 위해 그러는 거야.
너는 너의 행복을 위해
소리 지르지만
엄마는 엄마의 행복을 위해
그러는 게 아닌 거야.
오직 널 위한 거지.

엄마는 꼭 너여야만 해.
너는 친구의 부자 엄마가 부럽지만
엄마는 친구의 잘난 아들이 부럽지 않아.
친구 아들 이야기를 하는 건,
그 녀석보다 힘든 삶을 살까 봐
그게 두려울 뿐인 거야.

언젠가는 이해될 거야.
그런 날이 분명히 와.

그러니까 네가 없어지면
엄마가 행복할 거라는 무서운 말은 하지 마.

네가 없으면 엄마도 없어.
네가 아니었으면 엄마가 왜 그렇게
힘든 삶을 버티고 버텼을 거 같아?
그 어떤 것도 이유가 되지 못했어.

넌 공부를 못하고 싶어서 못한 거야?
아니잖아.
진짜 이번에는 잘하고 싶었는데
그게 잘 안된 거잖아.

엄마도 진짜 좋은 엄마가 되고 싶었는데
그게 잘 안된 거야.

엄마도 너에게 최고로 좋은 엄마가 되고 싶어.

네가 그 맘을 믿었으면 좋겠어.

자신의 선택이 맞냐고 묻는
쉬키루 에게

장담할 수 있는 건 없어.
세상 모든 일은
그럴 수도 있고 아닐 수도 있어.

네 선택이 맞냐고 물었지?
그것도
그럴 수도 있고 아닐 수도 있는 거야.

맞고 틀리고가 있나?
그거야 지극히 개인적 기준의 답이지.
내가 틀리다고 해도
넌 맞다고 느낄 수도 있고
내가 맞다고 해도 네가 아니면 아닌 거지.

맞고 틀리다,
뭐 이건 시험 볼 때만 쓰는 말이지.
그걸 어떻게 인생에 대입하겠어?

인생은 그냥
그럴 수도 있고 아닐 수도 있는 거야.

그러니까 이왕이면

네 선택을 믿고
좋은 쪽으로 생각하며 가는 게
낫지 않을까?
어차피 나오지도 않은 결과를
나쁘다고 생각하면
스트레스만 쌓이는 거지, 뭐.
한 번뿐인 인생을
스트레스랑 씨름하다 갈 수는 없잖아.

좋은 쪽으로 생각해.
좋은 쪽으로 생각하다가 아니면?
뭐 그것도
네 인생에 큰 경험이고 도움이다 생각하고
다른 쪽으로 방향도 틀어보고
아니면 그 상황에서 최선이 뭘까
고민하며 가는 거지.

확률은 반반이야.
후라이드를 먼저 먹는다고
양념을 못 먹지 않고
양념을 더 많이 먹는다고
후라이드를 못 먹는 건 아니야.

후라이드가 더 좋아?
그럼 그거 먼저 먹어.
그리고 좋으면 왕창 먹는 거고
아니면 양념 하나 먹지, 뭐.

그래서 틀리면 어떡하냐고?
아까 말했잖아,

맞고 틀리고는 없다고.

그래, 아닐 수도 있지.
그런데 그게 뭐 얼마나 큰 문제라고.
그렇지 않을 수도 있을 뿐인데
그때 호들갑 떨지 말고 생각해 봐.
이제는 어떻게 할까?
뭐가 최선일까?
잠시 멈춰 생각하고 다시 걸어가면 돼.

후라이드도 양념도 다 먹었으면
어떻게 하냐고?
야, 까짓거 또 시켜.

이번엔 파닭이다!

모의고사를 밟아!

쉬키들아.

모의고사, 그까짓 것 확 밟아 버려.

'모의'는

'실제의 것을 흉내 내어 그대로 해 봄. 또는 그런 일'이란 뜻이다.

그러니까 실제가 아닌 거야.

실제로 너희를 괴롭힐 수 없는 연약한 것이라고.

확 무시해버리고 푹 자거라.

모의고사란 모의고사는 죄다 망친 쌤도 잘살고 있지 않느냐.

좌절이니 자살감이니 한강이니 막장이니

이 딴 소리 또 한 번 지껄이다간 입을 확!!

쌤을 쓰리디로 만들지 말아라.

난 아주 평면적으로 살고 싶은 사람이다.

사랑한다!

야, 진짜 내 사랑으로도 부족하면 진짜 그건 아닌 거지. ㅎㅎ

좋은 꿈 꾸거라.

쌤이 꿈에 처들어가서 엽떡이랑 쿨피스 쏘마!!!

엽떡

'엽기 떡볶이'의 준말.
'엽기 떡볶이'는 청소년들 사이에
유행하는 아주 매운
떡볶이를 말함.

35

썸이 지나면

쉬키들아.
니들은 썸을 타고
썸은 봄을 타는구나.

신 나게 잘 타다가 만나자.

하지만 기억해라.

봄이 지나면 여름이 오듯
썸이 지나면 중간고사가 온다!!

아악!! ㅋㅋㅋㅋㅋㅋ

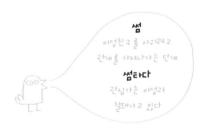

썸
이성친구를 사귀려고
관계를 가져나가는 단계
썸타다
관심가는 이성과
잘돼가고 있다

Y에게

어떤 사람들은
너한테 잘 맞는다며 네 꿈을 응원하고
어떤 사람들은
가망이 없으니 꿈을 접으라 한다고?

사람들에게 많이 물어봤구나,
네 꿈에 대해서.

그럼 너는 뭐라고 해?
네 마음에게는 안 물어봤어?
그게 뭐가 중요하냐고?
대박 중요하지.
너의 일이잖아.
그 누구도 대신해줄 수 없는
너의 삶이잖아.

이제 너에게 물어봐.
네가 그 꿈의 길을 가도 되는지.
네 맘속에서 두 사람이 대답할 거야.
"응"이라며 웃는 사람과
"아니"라며 정색하는 사람.

왜 마음도 두 가지 목소리냐고?
그럼 사람들이랑 다른 게 뭐냐고?

다른 거 있지.

네가 어느 쪽을 보며 웃느냐에 따라
네 삶이 달라지니까.

다른 사람들 말은 네 삶을 대신해 줄 수 없어.
그냥 네 몫인 거야.

네가 결정해.
그 누구도 대신해줄 수 없는
네 삶이니까.

쌤은 네가 어떤 결정을 해도
믿을게.
나 또한 널 대신할 수는 없는 거니까.

경험은 중요해

왜 경험이 중요하냐고 물었지?

쌤의 친구가 말이야,
전주에 여행갔을 때,
처음 먹어 본 전주비빔밥에 대해
나에게 열심히 설명했어.

나물의 맛과 색깔의 조화,
입안에 넣었을 때 퍼지는 고추장의 매력.
친구는 최대한 구체적으로
그 맛을 설명했지.

그런데 나는 아무리 들어도
모르겠는 거야.
어떤 감흥도 없이
그저 듣고만 있었지.

그로부터 얼마 후,
쌤도 전주에 여행을 가서
전주비빔밥을 먹어봤지.

그런데 이게 웬일이야.

친구에게 듣고 짐작했던 맛과는
차원이 다른 거야.

친구의 설명에 플러스 알파가 있었고
거기에 또 나만이 느끼는 맛이 있었지.

들어서는 알 수 없는 거야.
진짜 겪어봐야 진정한 내 것이 되는 거지.

**경험은
보물 상자에 보물 하나씩을
넣어두는 것과 같아.**

네 보물 상자에
진짜 보물을 많이 간직했으면 좋겠어.

그 보물은
절대 값이 떨어지지도 않고
누가 훔쳐갈 수도 없는 데다
네 마음을 눈부시게 만들 테니까.

쏨에게

옛날엔 다 이길 거 같았는데
이젠 다 질 거 같다는 너의 말,
참 가슴이 아팠어.

하지만 조금 더 지나면 알게 될 거야.

다 이기는 것도 다 지는 것도 없다는 걸 말이야.

누구를 이기고
누구에게 지는 것,
그것을 염두에 두고
싸움과 경쟁을 계속하는 건
네 삶에 아무 유익을 주지 못해.

이제 시작했으니
지금처럼 최선을 다해 나아가자.
늦을 것도 없고, 빠르다고 무조건 좋은 것도 아니야.

조금 더 지나면 알게 될 거야.
삶의 승부는 자신과 하는 거라는 사실을.

계속 이겨야 하는 건 너 자신뿐이야.

시험을 앞둔 쉬키들에게

그래, 떨릴 거야.
시험을 앞둔 너를 보면
쌤의 몸에도 진동이 온다.

그치만 알고 있지?
**시험 따위가
널 시험들게 할 수 없다는 걸.**
다만 먼지 같은 과정일 뿐이라는 걸.

넌 그 수많은 언덕을 넘어
샘물에 이른 거야.
샘물을 잘 떠서 먹을 수 있을지
그건 아직 잘 모르지만
샘물에 도착한 것만으로도 장해!
그것만으로도 미치도록 자랑스러워!

아무것도 두려워하지 말고
잘 치르고 돌아오거라.

틈마다 응원하고 있을게.

이런 가능성 덩어리들

쌤은 장례식장에 와서도
너희의 가능성을 본다.

한 녀석의 외할아버지가 돌아가셔서
장례식장에 왔는데
된장국을 내주자,
육개장이 있어야 한다며 나가서는
육개장 사발면을 공수해오는 너희는 분명
창의력 덩어리다.

시험을 망치고 와서
단 1분 슬퍼하고는
바로 농구를 하러 가서
세 시간째 농구를 하고 있는 너희는 분명
긍정심 덩어리다.

누가 그러더냐,
가능성이 없다고?
데리고 와라, 쌤이 뒷골목에서 잠시 만날 테니.

너희는 분명
가능성 덩어리다.

43

너의 성별은 비밀이야 ♀ ♂

어제 내 쉬키가
치킨 두 마리를 해치우며 했던
말들이 떠올라
오전 내내 히죽거리게 된다.

쌤, 진짜 저는 이렇게 안 먹거든요.
요즘 제가 스트레스를 많이 받나 봐요.
이렇게 짐승처럼 먹지는 않았거든요, 진짜.
여기 치킨이 맛있는 거죠, 지금.
오늘 야자 가서 생각해봐야겠어요.
제가 왜 그러는지에 대해서요.
꼭 치킨을 손으로 뜯어먹는 남자를 만나야겠어요.
그 사람도 치킨 두 마리는 먹겠죠?
뭐 이거 먹고 공부 열심히 하면 되겠죠?
그래도 저 원래 이렇게 많이는 안 먹어요.
이제 한 달 동안 치킨은 먹지 않겠어요.

나는 말했다.

자아비판은 그만하고
뒤를 보는 네 눈을 거두어 앞을 보아라.
네 무궁무진한 앞날에 네 반성을 반영하거라.

바로 며칠 후에 치킨을 먹으며
똑같은 소리 하지 않기를 축복한다.

귀여운 내 쉬키님,
넌 분명히 포크 따위를 쓰지 않고
손으로 치킨을,
단숨에 세 마리 해치우는
그런 남자를 만나게 될 거야.
그의 눈에 넌 소식하는 여자일 테니
걱정하지 말고,
오늘도 열공하거라.

끝까지 네 성별은 비밀로 하마^^

여러 가지 경험을 해 봐

네가 여러 경험을 하는 건 좋은 거야.
사람은 겪어본 만큼 알고
다른 사람 마음을 그만큼 공감할 수 있거든.

쌤이 어제 집에서 있었던 일을 얘기해줄게.

우리 집에 사는,
받아쓰기에 자신감이 충만한
초딩 2학년 작은 토끼가
첨으로 70점을 맞고는 얘기하며 엉엉거리더라.

"엉엉. 쉬는 시간에 한 번 안 봐서. 엉엉.
나는 원래 안 틀리는데……. 엉엉."

"에이, 괜찮아. 너도 70점 맞을 수 있다는
걸 보여준 거지. 겸손을 배우는 거야."

청소년 쉬키들을 위한 말투가 익어서
영 초딩으로 내려오질 않는 나는,
영 어색한 위로를 했어.

하지만

작은 토끼가 그 위로를 받아들이지 않아
나는 극단의 한 마디를 뱉었어.

"네가 이렇게 울면 엄만 완전 매일 통곡했겠다.
엄만 맨날 60점이었는데."

작은 토끼는 계획한 울음 양이
다 소진될 때까지 울 생각인 듯싶고
이 모습을 처량하게 보고 있던 큰 토끼가
초극단의 한마디를 내뱉더라.

"엄만 맨날 60점이어서 안 운 거야.
맨날 100점이었다가 70점으로 떨어지면
슬픈 건데, 엄만 모르잖아."

앗! 역시 사람은 겪어봐야 안다는 깨달음.

작은 토끼, 그제야 울음고개를 내려오더라.

너도 그 마음, 모르지?
쌤의 마음만 공감되지? ㅎㅎ

그거 봐,
네가 여러 가지 겪을 수 있는 건
분명히 도움이 된다니까.

47

담배를 열 개비로 줄인
쉬키루에게

"쌤 저 담배 하루에 10개로 줄였어요ㅎㅎ
칭찬받고 싶어서 얘기해본 거 맞아요 ㅋㅋㅋ
좋은 하루 되세요"

너의 카톡을 받고
하마터면 소리 지를 뻔했다는 거
알고 있니?

"오오오오, 축하 축하해!"
라고 보냈지만
네가 느낀 그 축하의 이만 배 정도로
쌤은 신이 났다는 거 알아야 해!^^

손이 떨릴 땐 딴생각을 하거라.
네 멋진 이성 친구, 그 녀석 생각도 좋고
쌤 생각을 하는 건 많이 좋다^^

무엇보다
네가 버렸다가 다시 주운 그 꿈을
많이 생각하거라.

네 꿈이 오래 버려져서

아마 구깃할게다.
꿈 혼자서 얼마나 방황했겠니?
씻지도 못했을 거고
잘 먹지도 못했을게다.

어차피 주웠으니
"내가 왜 주웠지?" 하지 말고
잘 씻기고 먹여서
다시는 버리지 않겠다고
함께 잘 살아보자고 하거라.

이제 넌 혼자가 아니다.
꼭 너랑만 다니겠다는 네 꿈이 있고
너에게 굿모닝을 외치는 그 녀석도 있고
무엇보다 하늘에서 뚝 떨어진
아름답고 성격마저 좋은 천사 같은 쌤이 있잖니?

ㅎㅎ
사랑한다.

손이 떨리거든 쌤한테 오거라.
네 마른 몸이 부서지도록
꼭 안아줄 테니.

다음 주에는,
"쌤, 일주일 동안 한 갑밖에 안 샀어요!"
이 카톡을 기대하며…….

싸가지 훈련

쉬키루님들!
니들이 지금
쌤 새해 복 많이 받으라고
문자 하나 하지 않는 건,
앞으로 밥 따위 간식 따위는
생각이 없습니다, 뭐 이런 거지?
졸업한 것들은
이제 다신 볼 생각 없습니다,
뭐 이런 거지?
그게 아니라면
쌤이 절교장을 보내기 전에
정신 차리고, 리포트를 제출해라.

리포트 주제: '싸가지란 무엇인가'

싸가지가 무엇이며 어떻게 싸가지를 채워야 하는 지에 관해
다음 주 일요일까지 제출하시오.

리포트 미제출 시,
기초훈련에 돌입할 예정.

/ 기초훈련 커리큘럼 /

주제: 싸가지 훈련

기획의도: 쉬키들을 만나면서
싸가지 훈련이 필요함을 뼈저리게 느낀 써나쌤의 의도로 기획됨.

기간: 5주차 수업 + 적용

수업계획

1주차. 싸가지란 무엇인가

2주차. 우리의 싸가지 유형검사

3주차. 싸가지가 우리에게 어떤 유익을 주는가

4주차. 사랑으로 인해 싸가지의 함유량은 어떻게 증가하는가

5주차. 우린 싸가지로 어떻게 사랑을 전할 수 있는가

적용

말과 행동에서 싸가지 함유량을
수시로 체크하고 미달이라고 판단
할 경우 대걸레로 똥침을 실시하고
재교육에 들어간다.

너의 잠수를  이해해

제주도에서 잠수함을 탔어.
생각보다 시간이 짧았어.
그래.
하지만 보지도 듣지도 못했던 물고기들과
바닷속 세계를 볼 수 있었지.
내 눈과 생각이 넓어지는 경험이었어.

몇 주 전부터 네가 잠수를 탔잖아.
생각보다 시간이 길다.
전화할 때마다 기대를 하고,
문자를 할 때마다 답이 오지 않아
심장이 내려앉아.
오늘도 전화를 받지 않아 참 얄미웠어.
그래도 잠수타면서 좋은 경험을 했으면 좋겠다.
보지도 듣지도 못했던 너의 가능성을 발견하고
마음속 찬란한 세계를 볼 수 있었으면 좋겠어.

그렇게 눈과 생각의 폭을 넓히다가
어느 날 문득
전화를 받았으면 좋겠다.

그럼 아무렇지도 않게

매일 통화했던 것처럼 얘기할게.

그래도 괜찮아.
그것도 좋은 경험이야.
이렇게 얘기해줄게.

그래도 욕을 포기했다고 생각하지는 마라.
욕은 욕대로 해줄 테다.
나쁜 쉬키루,
**바게트 빵이 가루가 되도록
때려주겠어! 흑흑.**

얼마나 걱정이 되는지
내 맘의 백 분의 일도 모를 거야, 넌.

재벌을 부러워하는 쉬키루에게

재벌?
뭐 그런 거 안 부럽냐고?

여지껏 그런 거 부러워하고 있었냐?
그게 왜 그런지 알아?
드라마에 훈남들은 죄다 재벌이라 그래.
그게 사실 아바타지, 사람이니?

훈남에 식스팩에 젊고 돈 많고 머리 좋고
게다가 조각 같은 여친까지!
현실 불가능한 무적의 시추에이션이야!

쌤 또 흥분하려고 그런다.
자, 심호흡하고 얘기해줄게.

쌤이 얼마 전에
네가 부러워하고 있는
아주 높은 분들을 만났단 말이야.
무슨 프로젝트에 작가로 참여하는 거였어.
멋지게 하고 갔냐고?
야, 쌤은 사람이 명품인데 뭘 멋지게 해? ㅎㅎ
그냥 생긴 얼굴 그대로

그냥 원래 입던 옷 그대로 갔지.
몇 시간을 회의하며 같이 있었는데
부러운 구석은 하나도 없더만.

뭐가 그리 복잡하고 까다롭고 조심하는지,
난 그대로 하라면 죽어도 못하겠더만.

난 진짜 숨이 탁 막혔는데
너와 비슷한 멘탈을 가진 1인이 묻더라.
엄청 부럽지 않냐고.

자, 그 질문에 대답한
쌤의 말을 들어보아라.

"윗공기 별로던데요? 더 탁하지 않아요?

뭐가 부러워요. 내가 윗공기 못 마시고 사는 것처럼
저 사람들도 아랫공기는 못 마시는 건데.
쌤쌤이에요.
사실 뭐, 저 사람들이 더 불리하지 않아요?
나야 가끔 이렇게 사다리 타고 올라가서 윗공기 맡고 오는데,
저 사람들은 엉덩이 내밀고 허리 굽혀야
간신히 아랫공기 맡잖아요.
허리 아프고 별로 일 거 같아요."

캬아~
대답 또한 명품이지 않냐?
너무 부러워하지 마라.

고개 부려져.

그냥 네 높이의 공기를 실컷 마셔.
그 속에 행복도 기쁨도 다 들어있는데
네가 자꾸 고개를 쳐드니까 못 보잖아.

그리고 부러워할 거면 말이야.
돈만 있는 재벌보다 꿈만 있는 쌤이
더 낫지 않겠냐?
네가 원하면 흔쾌히 롤모델 해주마!
초영광이지? 음하하하하!

2

괜찮아
넌 보물이니까

빛나는
보물들에게

너희가
얼마나 예쁜지
얼마나 사랑스러운지
얼마나 괜찮은지
얼마나 특별한지

그걸 알았으면 좋겠어.

머릿속에 구겨 넣은
수학 공식 하나
영어 단어 하나
까먹더라도
그건 까먹으면 안 돼.

공부를 못해도
뭐 하나는 끝내주게 잘한다는 걸
알게 될 거야.
뭐 하나 끝내주게 못해도
뭔가 하나는 진짜 좋아하는 걸
알게 될 거야.

최고가 아니어도
최선을 다하며
행복할 수 있다는 걸 알게 될 거야.

그러니까 기죽지 마.
다, 괜찮아.
곧, 괜찮아져.

하지만 그건 알아야 해.

너희는
정말 예쁘고
정말 사랑스럽고
정말 괜찮고
정말 특별하다는 걸

너희는
눈부시게 빛나는 보물이니까.

슈퍼스타

히든 싱어란 프로그램,
너희가 보라고 해서 봤다.

쌤은 눈물이 나더라.

저렇게 무대에 설 때까지
얼마나 많이 연습하고
얼마나 많이 울었을까

무대에 설 수 없다는 소리를 수백 번 듣고
헛된 꿈 꾸지 말고 일이나 하라는 소리를
수만 번 들었겠지.

그리고 너희 생각이 나더라.
얼마나 많이 아프고
얼마나 많이 다쳐야 할까

그냥 돈이나 벌라는 소리를 수백 번 듣고
꿈같은 소리 하지 말고 공부나 하라는 소리를
수만 번 들어야 할 거야.

쌤은 눈물이 난다.

다 때려치우자는 소리가
목구멍까지 올라올 때가 수백 번
함께 주저앉고 싶을 때가
수만 번이지만
그래도 해보자.
너희는 할 수 있으니까.
꿈은 이루어지니까.
많은 언덕을 지나면
분명히 태양이 뜰 거니까.
내가 함께 넘어줄 거니까.

'그래서'보다는 '그래도'를 선택하자.
힘들어서 하지 않는 사람이 되지 말고
힘들어도 해보는 사람이 되어보자.

너희는 히든 싱어가 아니라 메인 싱어

누구와도 비교할 수 없는 슈퍼스타니까.

지금 바로 특별해져

다음 주에 엄마랑 함께 영화를 보고 싶다고 했지?
그러지 말고 오늘 봐.
오늘 밤 심야영화, 어때?

나는 하고 싶은 것이 생기면
그날 바로 저지르는 버릇이 있어.
그렇게 하면
오늘이 바로 특별한 날이 되기 때문이야.

오늘을 아끼며 다음 기회를 기다리지 말고,
어떤 바람이 생겼을 때,
그 에너지가 사라지기 전에 실행에 옮겨보렴.

그럼 살아있는 모든 날이 특별한 날이 될 테니까.

일어나 걸어보자

주저앉아 운다고 되는 건 없잖아.
네 말대로 울지 않는다고 되는 것도 없지만,
그래도 일어나보기는 해야지.
걸어보기는 해야지.

다리에 쥐가 나서 코에 침을 발라도 되는 일이 없다면,
발 한 번 툭툭 털고 일어나보면 어떨까?

네가 일어난다고 세상이 변하지 않는다고 했었니?
아니, 나는 그렇게 생각하지 않아.

한 사람이 깊어지고 그 깊이를 전할 수 있다면,
또 한 사람을 변화시키고
그 한 사람이 하나둘 늘어난다면
세상을 움직일 수 있다고 믿어.

일어나보면 알게 될 거야.
세상은 네가 생각했던 것보다 무지 괜찮다는 걸.

걸어보면 알게 될 거야.
넌 네가 상상했던 것보다 엄청 멋지다는 걸.

강의하러 올라가면
초인적 힘이 솟는데
강의 마치고 내려오면
다리가 후들거린다.

피곤한 일정이지만
그래도 너희를 보면
행복해진다.

강의 끝나고
사인회를 하는데
사인을 받으러 온
한 녀석이 물었다.
"행복하세요?"

그 질문에 퍼뜩 정신이 났다.
"응, 행복해. 너도 행복했으면 좋겠어."
녀석이 고개를 끄덕이는데
그 눈빛이 잊히질 않는다.

네가 꼭 행복했으면 좋겠다.

꽃밭이다

나는 그저 소똥보다 못한,
너희라는 흙에 닿으면 내 형체를 알아볼 수 없게
스르르 녹아버리는 거름이지만.
너희를 품에 안으며 간절히 바라고 기도한다.
꽃밭이 되게 해달라고.

꽃밭은 말이다,
어느 하나의 꽃만 튀어서는 안 된다.
몇 송이만 빛나서도 안 된다.
한 송이 한 송이
어느 것 하나 빛나지 않는 것이 없어
그 반짝임이 모여 찬란해 진다.

그것이 내가 말하는 꽃밭이고,
나는 너희가 그런 꽃밭이 되리라 믿는다.

그리고 어쩌면
너희는 이미 찬란한 꽃밭이다.

너희 앞에만 서면 눈이 부셔
나도 모르게 눈물이 나는 걸 보면.

초대박
괜찮아

바보 쉬키루!
쌤은 내 쉬키들 생각하면 똑같이 다 마음이 아픈데
오늘은 네가 제일 아프다.
다 똑같이 사랑하는데
오늘은 너만 피가 났으니까
너를 제일 사랑한다.

푹 자.
자고 나면 내일이 아니라 또 행복한 오늘이 시작된다.
자고 나면 해가 뜨는 게 아니라
언제나 네 곁에는 해가 있었다는 걸
알게 될 테다.

쌤이 꿈에서도 말해줄게.
괜찮다,
초대박 괜찮다.
초초초초초대박 다 괜찮아.
바보 쉬키, 굿나잇!!^^

초
청소년들이 느낌을
극대화시켜 말할 때
단어의 앞에 붙이는
접두사

인생을 **하루**로 **본다면**

인생을 하루로 본다면
넌 지금 아침이야.
아침 식사를 하려고 상에 앉은 시간
그 즈음이랄까?

그런데 아침 식사 메뉴가
좀 실망스러웠던 거지.
오첩반상에 나올 줄 알았는데
달랑 시리얼과 우유 한 컵이었어.
물론 실망했겠지만
그렇다고 점심도 없을 거고요,
저녁도 없을 거예요, 라고 말할 거야?

지금 네 실패는
그저 아침에 먹는 시리얼 정도인 거야.
그런데 마치 밤까지 쫄쫄 굶을 사람처럼
그러지 마숑.

시리얼 대충 먹고 다시 일어나 보자.
쓸데없는 아쉬움과 후회 따윈 집어치우고
지금부터 어떻게 할지 생각해 보자.
이불에 다시 들어가서

조금 더 누워있어도 괜찮아.
바로 친구 만나러 나가도 괜찮아.

대신, 점심을 기대하자.
해물 잔뜩 넣은 샤부샤부 어때?
미피가서 샐러드바부터 초토화할까?
자장면과 탕수육, 칠리새우도 괜찮지?

히히, 쉬키루야,
겨우 아침 식사 가지고
머리 위에 먹구름 달고 다니지 말자.
어쩌면 시리얼은
점심을 기대하고 저녁을 꿈꾸게 한
출발선이니까.

뭐 아침 가지고 그러고 있어?
저녁도 다 먹고 야식으로 치킨까지 시켜먹을 짜슥이!!

사랑한다,
그리고 치킨은 쌤이 쏘마!

미피
'미스터 피자'의 준말

지금 바로
시작해

늦었다는 생각이 든다고?
진즉 열심히 할 걸
다른 친구들 할 때는 뭐하고
지금 깨닫고 이 난리인가 싶다고?

웃기지 마.
쌤은 기특하기만 하고만.
내가 기특해하는 너를
네가 뭔데 구박해? ㅎㅎ

늦었다고 생각할 때는
바로 시작해야 할 때야.

함께 시작해보자.
너의 편이 되어줄게.

불씨

잿더미를 뒤적이다 보면
불씨가 나오고,
그 불씨를 찾아
다시 불을 붙일 수 있는 거야.

우리 함께 불씨를 찾고
스스로 자신을 태우는
불씨가 되어보지 않을래?

한순간의 마법

정말 한순간이었어.

정말 문제라는
정말 안 될 거라는
그런 말도 안 되는 소리를 듣던 아이가
완전 다른 사람으로 변하는 순간 말이야.

마치 마법처럼
누구도 예상 못 했던 순간에
파바박 변하더라.

신기하다 말할 시간도 없이
그 변화가 감지되던 순간은
평생 잊을 수 없을 만큼
큰 기쁨이었어.

그러니까 너도
자꾸 안 된다고만 하지 말고
믿으면 안 될까?
네가 한순간에 변한다는 걸
그 한순간이 분명히 온다는 걸
말이야.

다만 우리는
그 한순간이 언제 올지 모르니까
계속 믿고 나아가는 거야.

그 한순간은 말이야.
점이 아니라 선이거든.

계속 점을 찍다보면
어느새 점들이 빼곡하게 모여
하나의 선이 되는 순간을
맞이하게 되는 거야.

사람들은 대부분
선이 거의 다 만들어졌을 때
계속 점만 찍은 것을 후회하며 돌아선다.
곧 선이 되는, 그 마법의 순간이
코앞에 있는데 말이야.

너까지 그럴 거야?
괜히 '대부분'에 끼고 싶은 건 아니지?
재미없잖아, '대부분'이라니.

그러지 말고 다시 힘을 내서
계속 점을 찍어보자.

**너의 점은
눈부신 선으로 가고 있는 발자국이라는 걸 잊지 말고!**

속상할 만큼 속상해하고
울고 싶은 만큼 울어.
그리고 나면
마음이 조금 가벼워질 거야.

괜히 삐죽거리는 속상함을
억지로 밀어 넣으면
맘이 무거워져서 힘들 테니까
그냥 다 꺼내서 날려버리자.

그리고
너의 진심은 끝까지 믿어.
너에게서 나간 진심을
네가 못 믿으면 너무 억울하잖아.

지금은 너의 진심을
그 친구가 받아주지 않았다는 생각에
괴롭겠지만
그건 지금 판단할 수 있는 문제가 아니야.

진심은 분명히 통해.
시간이 조금 걸릴 뿐이야.

진심이 바로 그 친구의 마음에 닿았다면
더 좋았겠지만
그렇지 않았다고 진심이 버려진 건 아니야.

진심은 시간을 타고
목적지에 가서 닿기 마련이야.

진심의 목적지가
그 친구의 마음이라면
분명히 언젠가 꼭 닿을 거야.
지금이 아닐 뿐이야.

울어.
네 울음을 다 꺼내고 나면
너의 진심을 믿어.

어떻게든 목적지에 닿기 위해
열심히 가고 있는 진심이 억울하지 않게,
그렇게 해줘.

불가능할 거라고 그랬지?
그건 어떻게 알았어?
할 수 있는지 못 하는지 해 봐야 아는 건데
가만히 앉아서 생각해보고 그걸 어떻게 알아?

미래가 불확실한데 너무 큰 꿈을 가지면
어차피 불가능한 것에 목숨 거는 바보가 된다고?

그럼 미래가 불확실하지만
가능하다고 믿고 나아가는 사람은 뭐야?

그래, 미래가 확실하다고 말할 수 있는 사람은 없어.
아무리 공부를 잘한다고 그 사람의 미래가 확실할까?
그건 확률이지.
그럴 확률이 높은 거지, 확실한 건 아니잖아.

미래를 볼 수 있는 사람은 아무도 없어.
하지만 믿는 거지.
불가능한 것도 가능한 것도 확실한 건 없으니까
이왕 믿는 거 가능하다고 믿는 게 좋지.

열일곱 살 김연아도 지금의 김연아를 몰랐을 거야.
어차피 미래는 불확실한 거니까.
하지만 자신을 믿고 꿈을 향해
끊임없이 나아간 거지.

미래가 불확실한 건
네가 아무리 머리를 싸매고 고민해도
바뀌는 게 아니야.
그렇다면 그 생각은 그냥 내버려둬.
자꾸 따라오면서 "진짜 불확실해"라고 말하면
그냥 쿨하게 "나도 알거든"해버려.

불확실하다고 쉽고 가능한 것만을 찾을 수는 없어.
어떤 일이든 힘들고 어려워.
네가 좋아해서 가능해지는 건 있지만
가능하니까 좋아지는 건 없는 거야.

네가 정말 무엇을 좋아하는지 삶의 긴 여정동안 뭘 하고 싶은지
널 자세히 들여다보며 결정해.
만만하고 가능해 보이는 거 말고
어떻게든 가능하게 만들고 싶은 거.

그리고 가능하다고 믿고 해 봐.
누군가 그랬대.
불가능은 노력하지 않는 자의 변명이라고.

 칼을 버려

당연하지,
부정적인 소리는 잘 잊히지 않아.

하지만 언제까지 그 소리를 담고
그 소리에 귀 기울이며 얼굴을 붉힐 거야?

내가 걱정하는 건 네 마음이야.
그 소리를 담고 있는 네 맘이 계속 생채기 낼 까봐 걱정돼.

넌 이 세상에서 하나뿐이고
누가 뭐라든지 존귀하고
누가 뭐라든지 사랑스런 녀석이야.

그 자존감을 해치는 말이라면
그냥 길거리에 버려.

지금 바로 던져버렸으면 좋겠어.
그게 누구의 말이라도
**네 맘을 해치면
말이 아니라 칼이니까**

너여야만 해

그래,
네가 아니었으면 좋았을 수도 있겠지.

네 말대로
네가 좀 더 똑똑했다면
엄마가 널 더 사랑할 수도
네가 키가 더 컸다면
그 친구가 너에게 반했을 수도
네가 상냥한 사람이었다면
친구가 더 많았을 수도 있지.

그래,
네가 지금보다 훨씬 괜찮은 사람이었다면
네 삶이 지금보다 나았을지도 몰라.

그런데 그게 무슨 의미가 있어?

네가 더 괜찮아진다는 건
네가 아니라는 얘기잖아.
네가 아닌 다른 사람이 된다는 거잖아.
그건 아무 의미 없어.

엄마, 아빠, 친구…….
그리고 널
사랑하는 네 주위의 사람들은
널 사랑하는 거니까.

네가 아닐 가능성이 수억 수만 가지라 해도
아무 의미가 없는 거야.

그들이 사랑하는 건 바로 너니까.

어떻게 믿지 못할 만한 널 믿냐고?
난 믿을 만한 사람을 믿는 게 아니야.
내가 믿으면 믿을만한 사람이 된다고 믿는 거지.

무슨 말이냐고?

우유를 보고 맛있는 치즈가 될 거라고 상상하는 거라고.
나무를 보고 종이가 될 거라고 예상하는 거라고.

믿을만해서 믿는다면
그런 믿음은 너무 편하잖아.
그건 믿음이라기보다 당연한 거잖아.
나는 그렇게 당연하게 살기 싫어.
당연하지 않고 놀랍게 살 거야.

넌 분명히
우유로 치즈를 만드는 것보다 더 놀랍게
나무로 종이를 만드는 것보다 더 신기하게
변할 거니까.

난 지금 널 보는 게 아니라,
저 너머의 널 상상하는 거야.

그리고 그 상상이 현실이 될 거라 믿는 거야.

어떻게 믿냐고?
그저 믿는다고 말한 것뿐인데
네 말투가 부드러워졌으니까.
그저 믿은 것뿐인데
너의 얼굴은 빛이 되었으니까.

난 널 믿어.

실패는 겨우 계단 하나야

쌤이 꿈을 이룬 후에,
실패한 적 없냐고 물었지?
아니, 지금도 꾸준히 실패하고 있는 걸.

정말 함께 일하고 싶은 출판사에 원고를 보냈다가
퇴짜를 맞기도 하고
공모전에 원고를 보냈다가
뚝 떨어지기도 해.
내가 정말 하고 싶은 일을 진행하다가
여러 가지 사정으로 어그러지기도 하지.

작가가 되었지만
내 꿈 안에서 더 나은 단계로 올라갈 때에는
언제나 실패가 나를 기다리고 서 있는 듯한 기분이야.
그런데 어떻게 이런 이야기를 웃으며 하냐고?
실패했을 때 나는 거울을 보고 이렇게 중얼거리거든.
"아유, 얼마나 더 잘되려고 이래?
너, 진짜 잘되려나 봐. 기대된다, 오선화!"

실패는
수많은 계단을 올라갈 때,
갑자기 계단 하나가 없어진 것에 불과해.

물론 놀랍지. 갑자기 겁도 나고 멍해지기도 할 거야.
하지만 심호흡 한 번 하고 다시 한 칸을 내려가 봐.
그리고 올라갈 방법을 생각해 봐.
조금 느려도 괜찮아.
**느린 건 또 실패하는 게 아니라
조금 더 단단해지는 과정이거든.**

다시 내려가서 생각해보면
윗 계단으로 점프할 방법이 생기기도 해.
사라진 줄 알았던 계단이 다시 나타나기도 하고,
전혀 생각하지 못했던 모양의 계단이 만들어질 수도 있어.
분명히 방법이 생긴다는 이야기야.

그러니까 당황하지 말고 기대해 봐.
얼마나 더 큰 계획이 있길래
얼마나 더 잘 되려고
그런 일이 있는 걸까?
이렇게 생각해보면 무지 설레지 않아?

실패는 계단 하나가 없어진 것뿐이야..
놀라지 마.
마치 모든 계단이 없어진 것처럼 슬퍼하지 마.
계단이 전부 없어진 게 아니라 딱 하나 없어졌을 뿐이니까.

네 삶에 어떤 문제도 생기지 않아.

누구나 그래

진짜 억울한 상황일 때는
아무 말 못 하다가
시간이 지나면
그때 했어야 할 말들이
막 생각나고, 그런 기분인 거지?

어떻게 아냐고?
쌤이 작두 좀 타잖아^^

ㅎㅎ 그거 어떻게 아는 거냐면
누구나 그러니까 아는 거야.

네가 바보 같아서 그런 게 아니라
네가 어리석어서 말 못한 게 아니라
누구나 당황스런 그 순간에는
아무것도 생각하지 못하다가
시나고 나면,
악! 그때 그럴걸!
자기 머리카락을 쥐어뜯고 싶은 순간이 오는 거야.

그럴 때는
생각난 말을 종이에 다 적어

그리고 그 종이를 막 찢어서
쓰레기통에 버려
그때
네 찢긴 마음도 같이 버려
그리고 돌아서서
기어이 너에게 붙어있는 억울함도 던져 버려

누구나 그만큼은 어리석어
누구나 그만큼은 바보같아
그러니까 괜찮아,
누구나 그런 거야

괜찮아,
다 괜찮아.

너희가 👍 갑이야

작년에 내 강의를 들었던 녀석이 청소년 기자단이 되었다며
첫 인터뷰를 하고 싶다고 연락이 왔다.
이런 영광이 있나.
미래 한국의 주인공 녀석의 첫 인터뷰이가 되다니…….
무지 흐뭇한 맘으로 인터뷰에 응했다.
질문도 야무지고, 진행 방식도 맘에 들었다.
분명히 나보다 낫더라.

어른들이 '문제아'라고 부르는 쉬키들을 만나도
나는 당최 문제가 뭔지 모르겠더라.
답은 없지만
그렇다고 문제가 있는 것 같지도 않아.

그 어떤 쉬키도 나보다 나아.
그 시절의 나보다,
내 안에 주저앉아 울고 있는 그 청소년보다 훨씬 멋져.

그러니까 쫄지 마,
쌤에게는 너희가 갑이야^^

 실수에 대해

쫄지 마,
실수는 누구나 하는 거야.

쌤이 얼마 전에
쉬키들이 써 준 롤링페이퍼를 두고 왔다.
카페에서 내가 먼저 나왔는데
분명 가방에 넣은 줄 알았는데
두고 온 걸 쉬키들이 발견한 거야.
마치 그동안의 내 사랑이
물거품이 된 듯한 반응이 돌아왔다.

개욕 먹음 ___ ㅋㅋㅋ

그리고 그 사건은
내 생에 엄청난 실수로 기록되었다^^

그런데 너도 알지만
그건 실수잖아.
쌤이 너희가 써 준 롤링페이퍼를 하찮게 여긴다든지
그런 건 아니잖아.

그러니까 괜찮아.
어렸을 때 컵의 물을 엎지른 것처럼 넘겨.
물을 바닥에 쏟았으면
그냥 닦으면 그만인 거야.

그 실수 때문에
널 나쁘게 생각하는 사람은 아무도 없어.

실수는 그런 거야.
누구나 하고
삶의 교훈으로 남는 거지.

쌤은 이제 다시는 절대
롤링페이퍼를 두고 오지 않을 테야^^

'다름'에 대해

그 친구가 너와 다른 건 인정하는데
그래도 화가 난다고?
어떻게 그럴 수 있는지
자꾸 생각이 난다고?

그래, 그럴 수 있어.

그런데 말이야,
네가 정말 '다름'을 인정한 건 맞아?

다를 수 있어.
사람은 다 다른 거지.
틀린 게 아니라 다른 거야.

이렇게 생각하는 거 맞아?
그래도 화가 나는 거야?

그럼 혹시 말이야,
다르다고 인정해주고 싶지만
그래도 네가 옳다고 말하고 싶은 건 아닐까?

다름은 인정해 주지만
옳고 그름에서는 자유롭지 않게 버티고 있는 건 아닐까?
다름이 그름으로 가는 통로에 있어서는 안 돼.
힘들지만 해보자.

마음에 먼저 말해보는 거야.
다른 건 그냥 다른 거라고.
그른 게 아니라고.
틀린 건 절대 아니라고.
그쪽에서도 내가 다를 수 있다고.
그럼 먼저 손을 내밀어 보자고.

어렵지만,
넌 잘할 수 있을 거야.

왜?
내 쉬키니까^^

호랑이가 슬퍼 보이는 날

어렸을 때 동물원에 자주 갔어.

갈 때마다 즐거웠는데 그 느낌이 매번 달랐지.
같은 동물을 보아도 때에 따라
다르게 느껴지는 게 마냥 신기했었어.

그런데 동물원 입구에 들어설 때는
매번 반복재생 되는 느낌이었지.
아빠가 항상 같은 말을 하셨거든.
"엄마, 아빠 잃어버리면 울지 말고
움직이지 말고 그 자리에 있어.
그래야 찾을 수 있어. 네가 우릴 찾으러 오는 게 아니라
엄마랑 아빠가 널 찾으러 갈 거니까."

나는 그 반복재생의 대사를 토씨 하나 빼놓지 않고 외울 때쯤
정말 아빠 손을 놓쳐버렸어.
내 앞에 있는 호랑이가 어찌나 슬퍼 보이던지
난 정신없이 두리번거리다가
울지 말라는 아빠 말을 거역하고 엉엉 울어버렸지.
그리고 아빠를 찾으러 나서려다가 용케도 기억해냈어.
"움직이지 말고 그 자리에 있어."라는 말을.

두려웠지만 그 말에 따랐어.

그 자리에서 꼼짝 않고 있었지.

그리고 얼마 지나지 않아 아빠의 목소리가 들렸어.

"선화야! 오선화!"

그때만큼 아빠가 반가웠던 적, 또 있었을까?

나는 영화처럼 달려가 안기지도 못하고

그 자리에서 얼음이 되어 버렸지.

그때 알았어.

영화는 그저 영화일 뿐이라는 걸.

너무 좋아도 얼음이 될 수 있다는 걸.

네가 돌아온다는 걸

어떻게 확신하냐고 물었지?

아니, 질문 자체가 틀렸어.

쌤은 네가 돌아온다는 걸 확신하지 않아.

아니, 돌아오지 않을 수도 있다고 생각해.

그리고

그래도 괜찮아,

움직이지 말고 그 자리에 있어.

네가 돌아오지 않아도 내가 찾으러 갈 거니까.

대신 울고 싶을 땐 맘껏 울어도 돼.

누구나 호랑이가 슬퍼 보이는 날은 있는 법이니까.

무적의 파워레인저

메가포스 써나쌤이다

쌤을 따르라

대한민국 고3.
네 이름을 그 여섯 글자로 바꾸고 찾아온
내 쉬키루.

너의 입에서는
모의고사, 점수, 인 서울 등의 단어가 튀어나왔지.
오늘따라 어떤 위로도
어쭙잖은 멘토링도
야매상담도 안 통하더라.
너에게 나는,
이 복잡한 세상에서
좋아하는 일을 하는
꽤 운 좋은 사람쯤으로 보인다는 사실이 읽혔거든.

그런데 말이야,
이전까지의 나는,
남들보다 열 걸음, 아니 백 걸음쯤 늦어서
아무리 뜀박질해도 절대 자기 일을 할 수 없는 사람이었다는 걸
어떻게 말하고
또 그것을 어떻게 위로로 바꿔 전할 수 있을지 암담하더라.

그런데 말이야,
대한민국 고3과 무명작가에게
순위를 매긴다면,
아마 비슷하지 않을까?
그런데 순위 따위가 사람에게 달라붙을 수 있을까?
일개 사람이지만 그래도 우리는 살아있는 생명체고
순위는 죽어있는 숫자잖아.
물론 우리가 세상이란 바위를 깰 수는 없겠지.
그러니까 그까짓 거하고 넘어버리면 어떨까?

대한민국 고3이라는
말도 안 되고 재미없는 이름으로
절대 분류할 수 없는 내 쉬키루.
달걀로 바위를 깰 수는 없지만
달걀을 던져 바위를 넘을 수는 있잖아.

우리 한 번 바위를 넘어보자.
쌤이 앞장설게.

자, 쌤을 따르라~^^

불평의 이유

오늘 강의는 구작가님하고 함께 갔어.
구작가님은 그림 작가야.
청각 장애를 딛고 꿈을 이룬 사람이지.
그런데 얼마 전 망막색소변성증이란 진단으로
시력마저 잃게 되었어.

시력이 점점 나빠지다가
어느 날 갑자기 실명이 될 거라는 의사의 말을 듣고
참 많이도 울었대. 하지만 지금은 울지 않는대.

"넘어지지 않으려고 애쓰다가
차라리 넘어지자 싶어
완전히 넘어졌더니
오히려 다시 일어날 수 있었어요."
구작가님은 말했지.

구작가님은
시야가 8cm 밖에 남지 않았지만
남지 않았다고 생각하지 않는대.
8cm 밖에 남지 않은 게 아니라
8cm나 남은 거라고 생각한대.

오늘 그녀와 함께 무대에 서서
꿈 이야기를 나누는데
맨 앞에 앞을 보지 못하는 아이가 앉아서
고개를 끄덕이며 듣고 있더라.

울컥했지.
앞이 보이지 않아도 괜찮을 거라는 이야기를 듣는
진짜 보이지 않는 아이의 마음은 어땠을까?
가슴이 아프더라.

쉬키들아,
그 어떤 것도 불평의 이유는
될 수 없는 것 같아.

겁이 나 ☕

문득 너희 앞에 서면 겁이 나.

얼마나 더 손을 잡을 수 있을까
얼마나 더 얘기할 수 있을까
나이들어 사랑을 하니
마냥 좋아할 수 없다는 친구는
이별도 견딜 만한 나이가 되니
사실은 더 겁이 난다고 말하더라.

나에게도 언젠가는
너희에게 더 도움을 줄 수 없는 날이,
너희가 더는 찾지 않는 날이 오겠지.

문득 너희 앞에 서면 너무 좋아 겁이 나.
더 따뜻하게 손 잡아주고 싶은데
더 많은 얘기 나누고 싶은데
그럴 수 없는 날이 올지도 모르겠다는 생각이 들어.

어쩌면 나도 언젠가는
어쩔 수 없는 어른이 될지도 모르잖아.
그래서 더 온 맘 다해 사랑하고 싶다.

심장이 뛴다

히힛,
난 너희를 만날 때마다 설레서 미치겠다.

이렇게 좋으니까 하지.
싫으면 못할 거 같다.

히힛,
심장이 뛴다.
너희가 써나쌤하고 부를 때마다
작가님하고 다가올 때마다
너희의 그 너머가 넘 기대된다.

사랑하니까 하지.
사랑 없으면 못 할 거 같다.

나도 너희도,
높은 산보다 야트막한 언덕이
혼자보다 손잡고 가는 여럿이
되었으면 좋겠다.

보세품이면 어때,
명품보다 훨씬 간지 나는 걸.

너희 편이 되어줄게

어제, 카톡 프로필을 바꿨다.
'너희 편이 되어줄게.'

어젯밤,
쉬키루 두 명이
내 카톡 배경화면을 캡처해
나에게 보냈다.

우리 편이 되어주시겠다는 말,
변하시면 안 돼요.
카톡 프로필에 있는 말,
꼭 지켜주셔야 해요.

말은 달랐지만 뜻은 같은 이야기.
세월이 지나도 강산이 변해도
저희 편이 되어주셔야 해요.
이런 뜻이었다.

문득 자신이 없어졌다.
길게 무얼 할 수 있는 끈기도
변하지 않을 뿌리도 내겐 없다.
하루가 지나서야 답을 했다.

안 변할게.
꼭 지킬게.

작가님은 그럴 줄 알았어요.
쌤은 역시 그렇죠.

청소년들에게 힘을 주겠다고
맨주먹으로 맨 마음의 아이들을
찾아다니면서 내가 뭣 좀 한다고
생각했던 적 있었음을 고백한다.
그러나 여전히
내가 안는 것이 아니라 내가 안기고 있음을
내가 사랑하는 것이 아니라 사랑받고 있음을 깨닫는다.

오늘도 내가 그 녀석들을 잡아주는 게 아니라
그 녀석들이 날 잡아준다.

변할까 두렵지만 안 변하고 싶다.
지키지 못할 것 같지만 지키고 싶다.
조금이라도 그 사랑, 갚고 싶다.

사랑한다,
내가 살아있는 한
너희 편이 되어줄게.

쌤이 대신
사과할게

미안해.
어른들이 너에게
너무 쓸데없는 질문을 많이 했단 걸,
나중에야 알았어.

어른들은 그냥,
그럴 거라고 예상하는 것보다
"그렇다"는 대답을 좋아할 뿐이야.
확실하게 해둬야 그 다음 단계가 가능하다고 생각하는 거야.
확실하지 않은 사실이 머릿속에 있는 걸 별로 좋아하지 않거든.

그냥 습관인 거야.
자신도 모르게 잘 때 베개를 안고 자거나
일어나면 찬물을 마시는,
굳이 의식하지 않아도 자동으로 하게 되는
그런 습관 말이야.

그러니까,
너에게 악감정을 품고 있거나
너의 상황을 이상하게 생각해서 그런 건
절대 아니라는 거야.

조금만 시간이 지나면
쌤의 말을 이해하게 될 거야.
네 환경은 그저 과정이라는 걸.
네 문제는 그저 네 마음의 창에
어쩌다 들어 온 아주 작은 먼지라는 걸.

미안해,
괜히 어쭙잖은 돈을 쥐여주면서
절차니 서류니 하며
대답하기 싫은 질문을
몇 번씩 했다는 걸 이제야 알았어.

심장이 쿵 내려앉는 거 같더라.

쌤이 사과할게,
정말 정말 정말 미안해.

그 섬을 탈출해

나는 시장 한가운데를 가로질러
버스정류장을 향해 걷고 있었어.
내 정신은 스마트 폰에 갇혀 있었고
내 발은 정신을 방해하지 않으려고 사뿐히 움직였지.

그런데 어느 순간,
내 발걸음과 비슷한 속도로
옆에 따라오는 무언가가 자꾸 눈에 거슬리는 거야.
나는 눈살을 찌푸리며 옆으로 고개를 돌렸어.

허리가 90도로 구부러진 할머니가
낡은 유모차를 밀고 있더라.
유모차 안에는
다리와 정신이 모두 불편한 아이가 있었어.
여기저기 두리번거리며 히죽거리는 아이는,
나 때문에 잘 보이지 않아서
고개를 길게 빼고 있었지.

나는 얼른 속도를 늦추고
아이의 뒤로 자리를 옮겼어.
그리고 나도 모르게 아이의 시선을 따라가며
돼지 머리도 보고

고사리 파는 할머니도 보고
치킨 파는 아저씨의 노곤한 표정도 보았지.

이 길에 이렇게 많은 것이 있었나?
아이는 마냥 신기한 표정으로 웃었고
그 아이를 따라 웃는 내가 신기했어.

어느새 내 정신은 가볍고 경쾌하게
앞으로 움직거렸지.

스마트 섬을 탈출해,
아이의 동심을 향해…….

너도 가끔씩은 그 섬에서 탈출해 보지 않을래?

인연

카톡 프로필을 바꾸려고 사진을 뒤지다
한 아이와 찍은 사진이 맘에 들어 별 생각 없이 바꾸었지.

그리고 5분도 채 되지 않아 도착한 카톡 하나.

"작가님! 제 사진으로 플필 바꾸셨네요! 감동이에요."

아, 그 사진 속 아이였어.
나는 강의가 끝나면
혹시 부끄러워서 질문하지 못하는 친구들에게
카톡으로 질문하라고 번호를 알려주거든.
질문할까 말까 고민하다가 결국 질문을 못 하고 집에 가서
이불 뒤집어쓰고 울었던 유년의 내가 시키는 일이야.

그렇게 번호주는 것을 걱정하는 사람이 많지만
사실 진짜 연락하는 아이들은 적어.
그저 작가의 번호를 땄다는 기쁨에 젖을 뿐^^
그런데 정말 번호 하나에
너무 좋아하는 아이들을 보는 것은 나에겐 큰 기쁨이지.

나는 그 아이에게 대답했어.
"응, 사진 속에 있는 쉬키구나. 반갑네, 잘 지내?"

아이는 봇물 터지듯 자신의 이야기를 털어놓았고
몇 달 전 들었던 내 강의에 대한 생각과
그 부족한 강의를 자신의 삶에 얼마나 적용하고 있는지 이야기했지.

나는 한 시간쯤 하던 일을 접어두고 대화를 나누었어.
또 힘든 일 생기면 연락하라고 했고
사진을 보내 달래서 보내주었지.
그리고 바뀐 그 아이의 프로필.
내가 보내준 사진으로 바꾸고
"인연"이라는 말을 붙여놓았더라.

인연. 우연이 아니라고 믿는 것.
꼭 필요한 만남이라고 믿는 것.
나는 별로 신경 쓰이지 않았던 그 두 글자에
의미를 부여하고 있었다.

이제 그동안 만났던 아이들과 찍은 사진을 프로필로
의무적으로 바꿔야겠어.

옆에 인연이라는 말을 붙여야지.
또 누군가가 그 두 글자의 힘으로 다시 웃을 수 있기를 바라며.

이 책을 읽는 너와도 인연이지?
우연이 없다고 믿는다면
우린 다 인연인 거잖아.

함께 아픈 날

임금님은 당나귀 귀라는 외침을 들었던 '대나무숲'.

그 숲에 임금님도 갔을 거야.
자신의 귀가 너무 부끄러워
내내 어떻게든 숨기며 살아야 하는,
그 무거운 아픔을 안고 있던 임금님도
어딘가에 크게 얘기하고 싶었을 테니까.
누군가에게 당당하게 소리치고 싶었을 테니까.

임금님이 대나무 숲에 가서
"내 귀는 당나귀 귀다! 내 귀가 당나귀 귀야!"라고
소리치는 모습을 생각해 봤니?
나는 생각해봤어.
얼마나 괴롭고 아팠을까?
마음이 찌릿해지더라.

임금님보다 더 귀한 쉬키루가 찾아와
자신의 비밀을 털어놓았어.
엄청난 이야기를 아무 일도 아닌 것처럼 얘기하는
쉬키루의 마음이 느껴져
내 마음에 전기가 통하더라.

"쌤은 대나무 숲이에요. 아무에게도 말하지 마세요."

"걱정 마라. 대나무 숲은 항상 이 자리에서 있어야 해.
찾아오는 사람들의 아픔을 들어줘야지.
말을 전하러 갈 수 없단다. 그러니까 안심해도 돼."

임금님이 자신의 아픔을 털어놓고 떠나가던 날,
대나무 숲은 울었을 거야.
왜 그런 일이
왜 임금님에게 있어야 하는지
하늘에 물으며 흐느껴 울었을 거야.

"그냥 바람 소리 아니었을까?"
"아니, 사람들이 바람 소리로 착각한 거야.
그건 분명히 흐느낌이었어.
**함께 아파하는 마음이 있어야
아픔을 들을 자격이 있는 거잖아."**

다행이다

스물한 살.
나도 이렇게 예뻤던가?
겉과 속이 다 맑고 투명한
쉬키들과 치킨 파티

어젯밤과 오늘 낮,
참 많이 아팠는데
오직 하나.
이 쉬키들을 못 만날까 봐
참 두려웠다.

의사 쌤에게
"오늘 꼭 나아야 해요!! 기필코!"했더니,
날 똘아이 취급하시는 듯 한 눈빛으로
링거에 앰플을 잔뜩 넣어주셨다.

다행이다,
너흴 볼 수 있어서

참 많이 다행이다.

함께 사는 **마음**

스스로 원하고 그 이유를 밝혀야
학원에 갈 수 있는 우리 집.

얼마 전, 우리 집 작은 토끼는
가수가 꿈이라며,
피아노 학원에 다니겠다고 선언했다.

거기에 덧붙여
엄마가 늦게 와서 혼자 학원에 가는
친구가 안쓰럽다며
그 친구와 함께 저녁에 가고 싶다는
의사를 밝혔다.

요즘 친구와 피아노 학원에 가는 걸
제일 행복해하는데,
친구 엄마가 늦게 오시는 날에는
친구 데려다 주는 일까지 자처한다.

오늘 집에 오는 길에
엄마가 늦게 오신다는 소리에 울어버린
친구를 달래는 녀석과 친구의 대화에
피식 웃음이 난다.

"엄마가 늦으셔서 기분이 모락모락 하지만 괜찮을 거야."

"모락모락이 뭐야?"

"지금 네가 우는 거."

"아하!"

두 녀석이 웃는다. 뒤에서 나도 따라 웃는다.

**함께 사는 마음.
어쩌면 내가 영어보다 더 우선순위에
두고 싶은 과목인가 보다.**

우리 집 토끼들도

내 쉬키들도

그 과목만큼은

'매우 잘함'이었으면 좋겠다.

너희가 얼마나 아름다운지

쌤은 지금
필리핀 마닐라에서 글을 쓰고 있다.
부럽지? ㅎㅎ

낮은 집들이 조화를 이루고 있는 이곳은 말이야,
참 아름다워.

차를 타고 다녀도
트라이시클을 타고 다녀도
걸어 다녀도 그래.

그런데 그거 알아?
같은 풍경이라도
내가 어떤 방법으로 다녔는지에 따라
다르게 보이는 거.

걸어 다닐 때 보았던 것이
트라이시클을 타고 갈 때는 보이지 않아.
트라이시클을 타고 갈 때 보지 못했던 것인데
차를 타고 갈 때는 보이지.

그건 마법이 아니야.
풍경은 그대로인데
내가 어떤 방법을 취했냐에 따라
보기도 하고 보지 못하기도 하는 거지.
그리고 그런 이미지들이 합쳐져
입체적인 기억이 만들어지는 거야.
한 번만 봤을 때 볼 수 없었던 것들이
여러 번 다른 방법으로 겹쳐져
내 뇌에 '필리핀 마닐라'의 입체적인 이미지를 형성한 것처럼.

내가 사랑하는 쉬키루들,
여러 가지 마음이 조화를 이루고 있는 너희도 참 아름다워.
밥을 먹으며 보아도
장난을 치며 보아도
하물며 사고를 칠 때 보아도 그래.

그런데 그 아름다움이 다르다.
밥을 먹으며 볼 때는 보이지 않았던 모습이
장난칠 때 보여.
장난칠 때 보였던 모습이 사고 칠 때는 보이지 않지.

그러니까 너희가 변하는 것이 아니라
어른들의 방법이 때마다 달라지는 거야.
너희의 풍경, 그 아름다움을 여러 번,
입체적으로 보아야 하는데 말이야.

너희의 문제만 보고

혀를 차는 어른들은 평면의 기억이야.
어른들이 너희의 입체적 이미지를 갖고 있다면
분명히 생각이 달라질 거야.
그건 마법이 아니지.
너희의 아름다움은 그대로인데,
보는 방법만 달려졌을 뿐이지.

그러니까,
어른들이 다시 한 번만 봐주셨음 좋겠다.
이번에는 걷지 말고 차를 타고 가면 좋겠어.
그 차의 이름이 '사랑'이라면 더욱 좋겠지.

그럼 분명히 알게 될 거야.
너희가 얼마나 아름다운지.

트라이시클(tricycle)
필리핀에서, 오토바이를 개조하여
만든 삼륜 자동차.

내 가방에는 항상 배지가 달려있다.
반전(反戰)을 기본으로
사회 약자를 대변할 수 있는 내용들.

별거 아니지만
별거부터 시작하려면
너무 큰 마음을 먹어야 하는 나의 나약함을 알기에
별거 아닌 거부터 시도하려는
마음의 표현이야.

하지만 아무 배지나 달지는 않아.
나름의 디자인과 배치를 생각하고 달지.
(물론 여기서는 '나름'에 주의해야 한다^^)

그런데 며칠 전,
내 가방에 우렁 각시 배지가 등장했다.
나도 모르게 내 스탈이 아닌 배지가 달려 있지, 뭐야.

이건 뭐지 생각하다가
문득 우리 집에 사는 큰 토끼가
'학교 폭력 방지 배지'를 만들었다는
얘기가 떠올라 물었어.

"이거 네가 만든 거야?"

"응. 학교 폭력 방지 배지.

아까 달아보고 다시 뺀다는 걸 깜박했어."

"근데 학교폭력 방지인데 왜 해피 데이야?"

"학교폭력이 없어야 친구들이 행복하잖아.

그럼 매일 해피 데이가 될걸?

엄마가 좋아하는 청소년 언니 오빠들도 그럴걸?

그래서 그렇게 만들었어. 엄마 맘에 안 들어? 뺄까?"

"아니야. 의미가 맘에 드네. 놔둬."

해피데이.

배지는 '나름' 내 스타일이 아니지만

내 쉬키와 내 쉬키 같은 초딩들과

이 땅의 모든 청소년 쉬키들이

매일 해피하기를 바라며,

내 가방에는 '해피 데이' 배지가 달려있어.

쉬키들아,

제발,

행복하거라.

명언

"하고 싶은 일을 위해선
하고 싶지 않은 일을 할 수도 있어야 해."

얼마 전 상담하며 멋지게 내뱉은 말이지만
나는 쉬키들이 "고기 먹고 싶어요"하면
이 말이 떠오른다.

퇴짜 놓았던 기획이나 대필 원고가
떠오르며 급 후회.
그냥 할 걸 그랬네 싶다.

쉬키들이 고기 먹는 장면을 보면
유명한 명언 한 마디가 떠오른다.

내 사전에 불가능이란 없다.
─나폴레옹

쉬키들의 위에 불가능이란 없다.
─써나쌤

오래 보지
않아서?

내가 강의하러 학교에 가면 말이야,
내가 먼저 강당에 와있고
쉬키들이 나중에 들어올 때가 있거든.

그럴 때,
가만히 앉아서 쉬키들을 보고 있으면
얼마나 사랑스러운지 모른다.
재잘거림만 들어도
사랑스럽다.

오래 보지 않아도
사랑스러워.

음…….
오래 보지 않아서 그런 거 아니냐고?
음.
그럴지도 모르겠네.ㅋㅋㅋㅋ

그런 위로

일주일 전에 문자 한 통을 받았다.

항상 고마워요. 언제나 힘이 돼요.

언제나,

언제나,

그 세 글자가 마음을 촉촉하게 적셨다.

언제나는 아니었을 텐데,

언제나라는 말이 나에게 큰 힘이 되었어.

나는 그 힘으로 일주일을 살았다.

내가 있다는 사실이,

나의 위로가,

언제나는 아닐 테지만,

언제나라고 생각할 수 있을 만큼이었다면,

나는 정말 언제나 힘이 날 것만 같다.

내 한 줄기 위로가,

이 책 속에 등장하는 한마디 말이

너에게 그런 위로였으면 좋겠다.

잘할 수 있어

잘할 수 있을까.
쌤도 그런 생각 자주 해.
웃기는.

그래, 뭐 쌤이
무적의 파워레인저 메가포스이기는 하지만
그래도 그런 생각은 하게 되더라.

뭐 시작할 때마다
잘할 수 있을까
진짜 잘할 수 있을까
수십 번씩 생각하게 돼.

너랑 똑같지?
그런데 왜 다른 느낌이냐고?
임마,
넌 생각만 하고
난 생각하면서 이미 시작하고 있으니까
그렇지.

끝도 없는 두려움 따위
던져버림 좋겠지만

그럴 수 없다면
그럴 수 없는 게 인간이라면
그건 그냥 인간의 특성으로 놔두고
그냥 해.

하면서 생각하면
'잘할 수 있을까'에서
'잘할 수 있을 거야'로 가는
톨게이트가 나와.
쭉 가다가 갓길을 보면
'잘하고 있어!'라고 쓰여 있기도 해.

해야 한다는 생각이 들면 그냥 하는 거야.

또 뭘 봐.
뇌가 안 돌아가지?
그러니까 평소에 좀 돌려.
갑자기 돌릴 라니까 안 되잖아.

자, 우선 시동부터 거는 거야.
콜?

사랑은 너무 짧거나 가볍지 않았음 좋겠어.
봄, 여름, 가을, 겨울을
지나도록 한 사람을 만나봐야
적어도 사랑했다고 할 수 있지 않겠어?

물론 이렇게 말하는 쉬키루도 있더라.

"에이, 한 사람을 일 년 만나는 것보다
10일씩 36명을 만나는 게 낫죠. 많이
만나봐야 해요."

나는 대답했지.

"10일씩 36명을 만나면 5일만 휴가구나.
흐흐, 역시 너희의 멘탈은 매력이 쩐다."

정말 요즘 쌤은
쉬키루들의 멘탈을 상대하다 보니
디즈니랜드가 시시할 정도야^^

사랑에 관한 많은 의견이 있을 거야.
의견은 존중!

다채로운 의견 수렴!
하지만 쌤은 그래도
기간을 무시할 수는 없는 것 같아.

좋으면 좋고
싫으면 싫고
바로 그 감정에 반응하는 것보다는
잠깐 싫증이 나도 좋았던 때를 기억하며 노력해보고
바로 헤어지기보다는 이별에도 예의를 갖추고
그랬으면 좋겠어.

쌤의 바람이지, 뭐.

살다 보니 사랑만큼
오래 남는 것도 없더라
이왕이면 좋게 남았으면 좋겠다, 라는

소소한 바람이지, 뭐.

시간의 주인

어느 교수님이 그랬어.

부자란,
돈이 많은 사람이 아니라
하고 싶은 걸 하는 사람이라고.

나는 말했지

"그러니까 제가 부자라니까요."

한가로운 오후,
우리 집에는 마당이 없지만
우리 집 토끼들은 놀이터 같은 마당을 원하지.
그럼 나는
"우리 집은 마당도 없고 너무 좁아"라고
절대 투덜대지 않고^^
'예술의 전당'이라는 마당을 선물하지.
전시도 보고 화가 아저씨랑 사진도 찍고
책도 읽고 김밥도 먹고 공연도 봐.

토끼들이 말하지.

"엄마, 우리는 진짜 부자 같아."

내가 말했지.

"그럼!
돈보다 시간이 훨씬 더 비싼 거니까
우리는 시간의 주인처럼 사니까
우리가 진짜 엄청 부자야."

부자가 아니어서 찌질하다고 투덜대는 걸
쌤과 함께 멈춰보면 어때?
그리고 우리는 돈보다 훨씬 비싼 시간을
마음대로 쓰면서 살자.

우리는 돈의 노예가 아니라 시간의 주인이니까.

햄버거 사줄 만큼 부자

햄버거를 지금 먹지 않으면
대한 독립을 외치며 뛰쳐나갈지도 모른다는
쉬키루의 문자에 햄버거를 사주러 나갔어.

쉬키루가 햄버거를 먹으며 물었지.

"쌤 주위 사람들은 다 좋은데 다 가난하죠?
다 퍼줘서 그런가?"

나는 어디선가 솟은 욱함으로 소리를 질렀어.

"아니야!!"
"어, 그럼 부자도 많아요?"
"아니, 가난한데 나쁜 사람도 많아!"

난 당황한 쉬키를 붙들고
내 삶의 모토인 '자발적 가난'에 대해 열변을 토했지만
쉬키는 관심 없는 듯 햄버거를 우적거리며 말했지.

"그래도 햄버거 사줄 만큼은
부자여야 해요."

그 이후로 난
항상 햄버거 사줄 만큼은 부자야.

하고 싶은 걸 할 수 있을 만큼
부자면 되는 건데
난 너희들에게 햄버거 사주는 시간이 제일 좋아.

그러니까 나는 좀 더 괜찮은 부자라고 생각해 ㅎㅎ

오늘을 행복하게

내 쉬키 중에
드럼 킴이 있어.
그 쉬키는 공부할 때는 절대 느낌이 나오지 않는데
드럼 앞에만 앉으면 카리스마가 아주 작렬이야.

아, 피아노J도 있어.
그 쉬키도 공부할 때는 절대 느낌이 나오지 않는데
피아노 앞에 앉으면
손가락이 보이지 않을 정도로 초집중의 경지에 이르지.

난 그 모습을 보며 생각해.

내 쉬키들은
입시나 경쟁에 목메지 않아도
좋아하는 것을 하며
오늘을 행복하게 살 수 있었으면 좋겠다고.

정말,
그런 세상이 왔으면 좋겠다.
쌤이 빡세게 기도할게^^

손가락을 깨물면
다 아파

열 손가락 깨물어 안 아픈 손가락이 없다는 말에
백퍼 동의해.

너희를 1년 동안 만나면서
1년이란 시간은 마음 문을 열 수 있지만
마음 들판에 꽃씨를 심기에는 부족하다는
생각이 들었어.

그래서 2년 동안 만나고 싶다는 생각을 하고
그렇게 했지.
2년이란 시간도 그리 길지는 않았어.
하지만 나는 씨앗을 심을 뿐
꽃을 피우는 건
너희 스스로 할 수 있어야 한다고 생각했어.

그런데 가끔
절대 2년 동안,
그렇게 긴 시간 동안 만나면 안될 것 같은
다크호스들도 있었지.

열 손가락 깨물면
깨물기도 전에 멍들었다고 난리칠 만한

손가락도 있더라고.

ㅎㅎ 정말 똑같은 쉬키는 한 명도 없지만
그래서 더 스펙터클하지만
그래서 더 행복는다.

이만 손가락 깨물어서
안 아픈 손가락은 없다^^

너희 부모님도 그러실 거야.

상사병

청소년 강의만큼 많지는 않지만
가끔 자신들도 힐링이 필요하다며 어른들이 강의를 요청하는 경우가 있어.

어른 강의는 참 신기하고 좋아.
어른들은 무엇보다 반응을 잘해주거든.
반응 없는 쉬키들에게 기를 빨리느라 지칠 즈음에
어른 강의를 가면 '완전 반응 공동체' 앞에 서는
기쁨이 어떤 건지 알 수 있지.

너무 좋아.
하지만 그렇게 에너지를 받고 나면 찾아오는 상사병이 있다.

너희 앞에 서고 싶어.
쌤은 이제 알아버렸나 봐.
반응은 하지 않아도 듣고 있음을.
울지 않아도 울고 있음을. 웃어만 주어도 그게 사랑임을.
너희는 그렇게 표현 없이 표현하고 있음을.

그립다, 그 찬란한 빛의 향연.

너희가 보고 싶어 죽겠어 ㅜㅜㅜ

멘탈 재건축

나는 점점 기력이 없어지는데
쉬키들은 점점 막강이다.
울트라 메가톤급만 나에게 오는 듯.

"쌤 전화번호 좀 저장해"했더니
"전 엄마 번호도 안 해요"하고
"어디 가?"했더니
"인신매매하러요"
이걸 농담이라 하고…….

다음 전화를 못 할 만큼 오싹함.
하지만 오싹한 만큼 솟아오르는 투쟁 의지.

ㅎㅎ기다려라. 노답 멘탈!
너희의 멘탈을 부숴버리겠어ㅋ

재건축, 돌입이다!

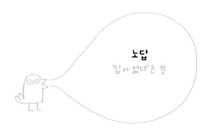
노답
'답이 없다'는 뜻

133

나는야,
써나쌤

강의 마치고
사인을 받거나 질문을 하려고 오는
쉬키들 중 남녀 비율은 2:8이다.

물론 때에 따라 학교에 따라 다르지만
보통은 남자가 확실히 적다.

아마도 표현의 문제,
한국의 의도적인 '남자다움'의
잘못된 인식 문제일 것이다.

그래서 남자 쉬키루들이 반응하고
사인받고 질문하고 그러면 그저 예쁘다.

어제,
강의를 위해 대기하고 있는데
남학생 넷이 들어오는 모습이 보였다.
어제는 청년 강의라
쉬키루들이 더더욱 반가웠다.
집중도 잘하고 반응도 잘하고
어찌나 예쁜지
끝나고 나가는데 말을 걸었다.

"고딩이야?"
"네, 고2요."
"어느 학교?"
"○○남고요."

그 이후로 몇 마디 나누는데
어찌나 예쁜지,
녀석들이 들어갈 수 있는 '눈'만 있다면
그 속에 넣어도 안 아플 거 같다.

"뭐라고 불러야 돼요?"
한 녀석이 물었다.
"작가님? 아니면 써나쌤? 청소년들은
보통 이렇게 불러."
"그럼 써나쌤! 이보다 좋을 수는 없을 거 같아요."

ㅎㅎ그래, 너희도 이보다 좋을 순 없을 거 같다.
나는 무적의 파워레인저 메가포스 써나쌤이다!!
학교에서든 다른 데서든 또또 보자.

충전완료!

"쌤, 저 원래 쓰레기였는데
지금은 좀 달라요."
"뭐가?"
"지금도 쓰레기는 쓰레긴데
재활용 가능한 쓰레기가 된 거 같아요.
자꾸 생각나요.
이런 말 써도 되나?
이런 행동 괜찮나?
원래 이런 생각 없었는데 이상해요."

매주 한 명씩 만나는데,
오늘 만난 내 쉬키는
2년 만에 싹이 트고 있다.
땅속에 오래 숨겨져 있어서 그런가,
빛이 다르다.
오묘하면서도 밝다.

"넌 이제 이해할 수 있는 사람이 많겠다.
놀아본 사람도, 여자한테 차인 사람도,
뭘 때려친 사람도 다 이해할 수 있겠어.
네가 다 경험했으니까."
"네, 맞아요."

"그럼 이제 이해할 수 없을 것 같은,
네가 겪어보지 않은 걸 겪는 사람들을
어떻게 이해하고 보듬을지 고민해 봐.
가난하거나 속 얘기를 절대 할 수 없거나 가족이 힘들거나…….
경험하지 못한 부분까지 품을 수 있도록,
적어도 품으려는 노력을
해보면 평면에서 입체로 갈 수 있어."
"진짜 감사해요. 쌤 진짜 감사해요."

미안해,
네가 싹을 틔울지 쌤도 자신 없었어.
그런데 싹이 트네.
감추어져 있었던 것뿐이네.
없었던 게 아니야.

고마워,
네가 준 감동이 쌤을 다시 충전해주었다.
다시는 절대 변하지 않을 것 같은
쉬키들에게 전진할 수 있겠다.

사랑한다, 내 쉬키.

치욕

쉬키들의 주체할 수 없는 치욕.
중간고사 끝나고 멘탈을 학교에 두고 나오는 바람에 멘가 상태인
쉬키들이 치킨 구호를 외쳤다.

쌤! 치킨! 치킨! 치킨!

웃다가 배 아플 지경에 튀어 나가
치킨집에서 쉬키들을 만났다.
다섯 명이 치킨 세 마리와 맞짱뜨고
치킨 몇 마리 더 불러낼 기세였다.

결국 두 마리 더 불러내 해치우고
눈에서 하트를 발사했다.

쉬키들아, 제발 학교에서 꼭 멘탈 찾아오너라.
기말고사 때까지 쌤이 열심히 원고 써서 치킨값 벌어 놓을 테다.

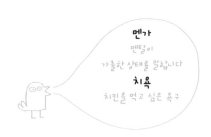

멘가
멘탈이
가출한 상태를 말합니다
치욕
치킨을 먹고 싶은 욕구

4

상상해봐
너의 눈부신 미래를

너의 미래에 대해

"넌 그 정도밖에 되지 못할 거야"라는 말은
어른들의 비겁한 규정이지,
진짜 네가 아니야.

그건 어른들의 경험일 뿐인 거야.
너에게 그런 말을 한 어른이
그런 상황에서 그런 문제가 있을 때
그 정도밖에 살지 못했던 걸
말해줬을 뿐이니까.

그런데 네가 그 규정에 힘입어
"돈만 벌면 돼요"라고 말하는 건
어른들에 대한 복수가 아니라
너 자신에게 상처를 입히는 일이야.

환한 얼굴로 널 기다리고 서 있는
너의 미래는
얼마나 어이없겠니?

친구가 약속장소에 미리 나가서
너랑 뭘 할까 설레며 기다리고 있는데
뒤늦게 도착한 네가 "너, 싫어!"라고

상상해봐 너의 눈부신 미래를

쏘아붙이고는 정색하고 돌아선 거야.

완전 어이없지만 네가 뭐라고 할 수는 없지.
그게 네가 한 행동인데, 뭐 어쩔 거야?
그 친구가 바로 '너의 미래'라는 걸
꼭 얘기해줘야 아는 건 아니지?

삶의 아침에 서서 밤이라고 궁시렁대지 말고
지금 서 있는 거기서 다시 상상해 보자.

자, 너의 끝을 상상해 보는 거야.
정말 잘 된 너를 말이야.
어때? 꽤 멋있지 않아?
그런데 그게
정말 끝이 될 수 있는 거냐고?
아니, 그럴 수는 없지.
그건 네 상상의 한계일 뿐이니까.

그게 네 머리에서는 끝이지만
네 미래에서는 시작이거든.

네 미래는
네가 무엇을 상상하든
그 벽을 뛰어넘을 거야.

잊지 마,
끝은 시작과 맞닿아 있다는 걸.

141

인생 자유이용권

만약에
나랑 너랑 롯데월드에 갔다고
생각해 보자.

그런데 넌 회전목마만 타는 거야.
난 후룸라이드도 타고
후렌치레볼루션도 탈게.
정글탐험보트도 타고
파라오의 분노도 타야지.

너?
너는 계속 회전목마만 타야지.

왜 그러냐고?
회전목마는 위험하지 않잖아.
얼마나 안정적이고 안전하니?
그러니까 넌 회전목마만 타야 해.

어때? 짜증이 팍 나지?
자유이용권이 있는데
하나만 타라니까 짜증나겠지.
게다가 안전하다는 이유로

회전목마만 타라니,
생각만 해도 지루하지?

그런데 넌 왜 그렇게 말해?
왜 네가 좋아하는 걸
미리부터 포기하고
안정적인 것만 찾아간다고 해?

하고 싶지 않은데도 안정적인 직업이면
평생할 수 있을 거 같아?
그건 어떻게 장담할 수 있는데?

너에게는 자유이용권이 있어.
롯데월드 말고 인생 자유이용권 말이야.
그러니까 네가 좋아하는 것도 타고
타고 싶은 것도 타볼 수 있는 거지.
물론 높이 올라갈 땐 긴장되기도 하고
자신도 모르는 사이에
툭 떨어질 때도 있겠지.

하지만 상관없잖아.
또 해보면 되는데 뭐가 문제야?
괜히 해봤다가 후회하면 어떻게 하냐고?

롯데월드에서
문 닫을 때까지 놀다가 나올 때 말이야.
자유이용권에 구멍 한 개 뚫린 사람이

후회할까?
구멍이 엄청 많이 뚫린 사람이
후회할까?

구멍이 많이 뚫린 사람은
무섭기도 했지만 행복하기도 했어.
겁나기도 했지만 깔깔 웃기도 했지.
한 개 뚫린 사람은?
뭐, 그 사람은 무서웠던 기억은 없지.
대신 깔깔 웃어보지도 못했어.

어느 쪽이 더 후회될지
어느 쪽을 선택할지
네가 결정해.

쌤은 여기까지다.
이젠 너의 뇌를 사용해서 결정하기 바람.
너에겐 분명히 뇌가 있어.
네가 쓰지 않을 뿐이지^^

사이다 사러 갔다가

자, 상상해 봐.

집에 있다가
사이다가 먹고 싶어서
옷을 주섬주섬 챙겨 입고
마트에 갔어.
그런데 웬일!
사이다가 다 떨어지고
콜라만 있는 거야.
어떻게 할까 고민하다가
그냥 콜라를 사서 마셨어.

그런데 웬일!
오우!
뼛속까지 시원해지는 느낌이야.
사이다를 먹고 싶었던 마음이
싹 해소될 만큼 괜찮았지.

그럼,
사이다를 먹으려고 갔던 네 노력은
물거품이 된 걸까?
넌 사이다를 사러 갔던 건데

콜라를 샀기 때문에 실패한 걸까?

아닐 거야.
원래 계획이 사이다였고
콜라를 예상할 수 없었지만
괜찮았잖아.
어쩜 더 좋았을 거야.

그래,
네 말대로
원래 계획은 무산될지도 몰라.
네가 꿈을 위한 길로 들어섰는데
가다가 예상치도 못한
다른 길을 가게 될 수도 있지.
하지만 지금처럼
그걸 걱정하며 앉아만 있다면
아무것도 얻을 수 없어.

우선 밖으로 나가 보자.
사이다든 콜라든
사러 가야 뭐가 있는지 알 수 있잖아.
먹어 봐야 맛있는지 알 수 있잖아.

생각대로

생각대로 되지 않아서 속상하지?
바라는 대로 되지 않아서 아쉽지?

그래, 그럴 거야.
생각대로 될거라 믿었던 일이
전혀 다른 결과를 들이밀면
정말 멘붕이 오지.

알아, 그 착잡한 마음.
그런데 말이야,
생각대로 된다면 정말 좋을까?
그런 생각 해봤어?

쌤은 해봤어, 그런 생각.
늦잠 잤을 때
생각대로 시간이 되돌려지고
숙제 못 했을 때
바랐던 대로 숙제검사를 안하고
좋아하는 사람을 만났을 때
기대했던 대로 그 사람이 고백을 하고
공부 하나도 안하고 생각만 해도
서울대에 철썩 붙고! ㅎㅎ

생각하면 기분 좋기는 한데
너무 재미없을 거 같지 않아?
생각대로는 되겠지만
생각지도 못했던 일은 일어나지 않을 테니까.

인생의 재미는 말이야,
생각지도 못한 일이 생길 때
찾아오는 거야.

**"생각대로 되지 않는 건
정말 멋진 일이에요.
생각지도 못했던 일이 일어나니까요."**

이거,
인생을 엄청 스펙터클하게 살았던
빨강머리 앤이 한 말이야^__^

"넌 생각대로 되지 않은 게 아니라
인생의 재미를 하나 터득한 거야!"

이건,
인생을 엄청 재미있게 살고 있는
내가 한 말이다!^^

ㅎㅎ까묵지 마라!

네가 걷기 시작하면 길이 된다

불안해하지 마.

엄마는 내가 탄탄대로를 걷기 원했지만
나는 비포장도로에서
꿈과 눈이 마주쳤는걸.

너도 그럴 거야.
비포장도로를 천천히 걷다 보면
넘어지기도 하고 쓰러지기도 할 거야.
그래도 일어나 다시 걷다 보면
어느새
성큼 다가온 꿈과 만날 수 있을 거야.

염려하지 마.
아무도 걷지 않은 길이면 어때?
멋지게 개척하면 되지, 뭐.
너의 가능성을 믿어 봐.
넌 분명히 할 수 있을 거야.

멀리 내다보이지 않아도
씩씩하게 가자.
길이 아닌 것 같아도

네가 걷기 시작하면
그 때부터 길이 될 거야.

(이야,
길이 영광이겠다.
자기도 길인지 몰랐다가 길이 되는 거잖아.)

예상할 수 없다고 투덜대지 마.
예상할 수 없지만 내디딜 수 있잖아.
한 걸음씩 걸어가면 돼.

그 한 걸음이 역사가 될 거야.

상상해봐 너의 눈부신 미래를

추억이 될 만큼

그래, 네 말이 맞아.
어른들은 꼭 그렇게 얘기해.
자기도 십 대에는 게임에 미쳐봤고
연예인도 좇아다녀 봤지만
소용없더라고.
그러니까 하지 말라고.

넌 그런 소리를 들어도
왜 하지 않아야 하는지 모르겠지?
그래, 그건 그 어른들의 생각이지
네 생각은 아니니까 당연해.

그러게, 왜 꼭 그렇게 마무리를 지을까?
그렇게 올바르게 보이는 어른들도 그랬구나,
그럼 나도 이상한 건 아니구나,
힘을 얻으려는 찰나에
하지 말라고 쐐기를 박아서 기분을 확 망치고 말이야.

갑자기 신 나게 수다 떨던 친구가
순식간에 어른이 되어버린 느낌.
그래, 싫지, 싫을 수밖에.

그럼 말이야. 이건 어때?
네가 어른이 되었을 때
너의 지금을 이야기하면서
너는 절대 '하지 마라'
이런 말은 붙이지 않도록 노력하자.

어떻게 그럴 수 있냐고?
다 추억이 된다고 괜찮다고
이야기해 줄 수 있게
딱 추억이 될 만큼만 미치면 되잖아.

그게 얼만큼이냐고?
짜슥, 또 끝이 없구나.

그건 네가 생각해.
네 미래에 너의 지금을 들여다보며
정말 조금은 정신 차렸어야 했다고
후회하지 않을 정도만 놀면 되니까.

지금 너에게 절대 그러지 말라고 얘기하는 어른들은
추억보다 후회가 많은 거니까.
십 년 후에 넌 추억이 더 많으면 되는 거다.

스포일러

인생을 미리 알고 싶은 마음, 이해해.
쌤도 그럴 때가 있었으니까.

그런데 너,
스포일러 좋아해?
영화, 소설, 애니메이션 등의
주요 줄거리나 내용을
미리 알려주는 거 말이야.

쌤은 진짜 싫어해.
지난번에 만화를 보는데
범인이 끝 부분에 밝혀지는
추리 만화였어.
그런데 어떤 나쁜 엑스가
앞부분에 나오는 범인 얼굴에다
빨간 펜으로 '범인'이라고 써놓은 거야.
범인이 밝혀지려면
아직 한참 더 남았는데 말이야.
흑흑,
팍 김이 새서 만화책을 덮어 버렸지.

뭐 쌤처럼 최악의 경험은 아니어도

스포일러는 많잖아.

보고 싶은 영화를 검색하다 보면
내용을 미리 말하는
댓글이나 블로그 정도는 흔히 볼 수 있지.

그런 거 싫지 않아?
왜 싫어?
미리 알려주면 재미가 없어서?

그래. 맞아.
인생도 그런 거지.
미리 알고 있으면 재미없잖아.

적당히 긴장되지만
또 그 이상 기대하면서 가자.

파도타기

자, 상상해 봐.

한적한 바닷가야.
넌 바람이나 쐴까 하고
거기를 찾아갔지.

바람도 적당하게 불고 날씨도 따뜻하고
너에게 쉼을 제공하려고 마음먹은 듯
바다는 온순했지.

이대로 한 달만 쉬면 좋겠다는 생각이 스쳤지.
정말 딱 좋았는데,
갑자기 웬일인지 파도가 밀려오는 거야.
그렇게 큰 파도는 아니야.
일어나서 살짝 점프하면
뛰어넘을 수 있을 정도?

어쩔래?
그냥 가만히 앉아 있을래?
얼른 일어나서 살짝 뛸래?

살짝 뛰면?

155

파도를 뛰어넘고 나니 마음이 다 상쾌해진 느낌일 거야.
발이 살짝 젖긴 했지만 한나절 말리면 될 정도라
별문제는 없어.

가만히 앉아있으면?
뭔가 무지 편할 줄 알았는데 기분이 엄청 나빠졌지.
작은 파도라도 앉아있는 너를 흠뻑 적시기에는 충분했거든.
옷이 다 젖어서 찝찝할 거야.

그래도 한 번은 뭐 별문제 없으니 그냥 앉아있을래?

그래, 한 번이니까.
그런데 그거 알아?

파도는 까먹을 만하면 또 밀려오는데
똑같은 파도가 아니거든.
더 큰 파도가 밀려올 수 있지.

몇 번은 앉아서 버틸지 몰라도
어쩌면 큰 파도에 휩쓸려갈 수도 있어.

하지만 얼른 일어나 점프했던 사람은
큰 파도가 와도 두렵지 않아.
게임에서 한 판씩 깨는 것처럼
뭐 까짓거, 또 한 번 넘어보는 거야, 하며 일어나지.
몇 번 넘고 나면 큰 파도를 손쉽게 넘고 있는
자신을 볼 수 있을거야.

그러다가도 휩쓸릴 수 있다고?

괜찮아.
파도를 넘어 본 자는 휩쓸림도 즐길 수 있거든.

그 상쾌함을
매번 물에 젖은 사람은 알 수 없지.

이렇게 똑같은 파도를 만나도 누군가에게는 기쁨,
누군가에게는 고통이 되는 거야.

어때?
지금이라도 얼른 일어나 파도를 넘어보지 않을래?

그 바다는
너의 인생이니까.

롤에서 이루지 못한 챌린저를
피시방이 아니라
네 인생에서 이루고 싶다면 말이야.

롤 리그 오브 레전드
(League Of Legend)라는
게임의 약자
챌린저 롤의 최고 등급

네 꿈은
신상이야 ◎

네가 아직 콜라를 한 번도
안 먹어봤다고 가정해보자.

넌 콜라를 먹고 있는 사람에게 물었지.
콜라가 무슨 맛이냐고 말이야.
그 사람은
톡 쏘고 달콤하고 매력적이라고 했어.

그럼 네가 콜라를 먹고 난 후에도
단지 그 느낌일까?
톡 쏘고 달콤하기만 할까?
너에게도 매력적일까?

어쩌면 너는 달콤하다고만 느낄 수도 있어.
톡 쏘는 맛을 자극적으로 느낄 수도 있고
넌 아무리 먹어도 맛있는지 모르겠다고
말할 수도 있지.
너무 맛있어서 이제부터 콜라만 먹겠다고
할 수도 있어.

너보다 먼저 경험한 사람이 있을 수는 있지만
너랑 똑같은 느낌일 수는 없다는 얘기야.

같은 꿈, 같은 직업을 갖은 사람일지라도
모두 다른 매력을 느낄 수 있는 거지.

그런데 먼저 한 사람이 힘들었다고
너도 힘들 거라 예상하고,
먼저 한 사람이 행복했다고
나도 행복할 거라 예상할 수 있을까?

**그러니까 남이 먹어 본 콜라만을
비교하며 시간을 죽이지 마.**

네가 지금 들고 있는 음료수는 신상품인 거야.
아무도 먹어 본 적이 없어서
누구도 그 맛을 몰라.

네가 용기 내서 병뚜껑을 돌려.
딸각 소리와 함께 기억해.
그 음료수는 너를 위해 출시된
너만의 꿈이라는 걸.

통일에 대해

왜 통일이 되어야 하냐고 물었지?

쌤이 탈북 청년들을 일주일 동안 만난 적이 있는데
그 때, 강의하고 함께 밥을 먹고 삶을 나누었어.
사실 그 이전에 쌤은 통일을 바란다고 말하면서도
북한 친구들은 많이 다를 텐데
정말 하나가 될 수 있을까, 생각했어.

아니,
그 생각조차도 가끔
미세먼지보다도 작게
그랬지.

하지만 그들과 함께 생활하면서 나도 모르게 떠오른 생각이 있었어.

참 많이 닮았구나.
참 많이 같구나.

이런 생각에 정신이 번쩍 들더라.
한 번도.
단 한 번도 생각해보지 않았던 거야.
막연히 다르다는 생각만 했지,

같을 거란 생각은 한 번도.

마치 동전의 양면처럼
한 번 뒤집기만 하면 되는 거였는데
왜 앞면만 보고 이게 동전 전체라고 확신했던 걸까.

정말 우리는 한 민족일 수도 있겠구나.
이런 생각을 하니,
내 마음이 바로 반격하더라.

뭐야, '있겠구나'가 뭐야.
우리 정말 한 민족이잖아.
하지만 이런 생각이 난생처음이었던 거야.

우린 진짜 한 민족이구나,
이런 느낌이 처음 들었지.

쌤은 처음으로 동전을 뒤집어 보고
뒷면도 있었네 라며
신기해하는 꼴이었지.

왜 통일이 되어야 하냐면 말이야,
둘로 나뉜다는 건
처음부터 말이 되지 않았던 거야.
우리는 원래 하나였고
우리는 진짜 한 민족이니까.

길의 끝이
보이지 않아도

다 예상할 수 있냐고?
아니,
길의 끝은 안 보이지.
아니,
바로 앞도 안 보이지.

다 예상할 수 있는 건
우리 인생에 없는 거 같아.

그런데 오히려 보이지 않으니까
더 감사할 수 있는 게 아닐까?

지난겨울에 강의를 가는데
친구가 차로 태워다줬거든.
그런데 아침 안개가 너무 심해서
정말 코앞이 안 보이는 거야.
조수석에서 눈을 부릅뜨고 있었는데
앞으로 갈수록 감사하더라.
마치 앞이 없을 것 같았는데
계속 앞이 나오니까 말이야.

예상할 수 없다고 투덜대지 말고

예상할 수 없는데도 앞으로 가고 있음을 감사하자.

눈을 부릅뜨고 있다고
갑자기 길의 끝이 보이는 게 아닌데
괜히 부릅뜨면 눈만 아프니까
자연스럽게 한 발씩 앞으로 가자.

안개가 있어도 바로 앞이 나오니 감사하고
계속 길이 나오면 길이 나오니 감사하면서 말이야.

앞으로
걷자

뒤로 걸어봤어?

쌤은 해봤는데,
예전에 친구들이랑 장난치다가
'뒤로 빨리 걷기'도 해보고 그랬어.

뒤로 빨리 걸어서 전봇대를 터치하는 사람이 이기는,
뭐 그런 게임이었는데
한두 번 하고는 별로 재미없어서 안 했지.

좀 느낌이 그렇더라.
왠지 퇴행하는 느낌이랄까?
과거로 자꾸 돌아가는 느낌도 들고
뒤처지는 느낌도 들었어.

지금 네 모습을 보니까
그 뒤로 걷는 느낌이 떠올랐어.
네가 자꾸 옛날이 좋았다고 하고
더 좋았던 옛날만 그리워하면
그건 뒤로 걷는 것과 똑같은 거야.

뭐하려고 그래?

앞으로 뛰기는 싫어도
한 걸음씩 나아가기는 해야지
뭐가 좋다고 자꾸 뒤를 돌아보고
뒤로 걸어가고 그래?

뒤로 걷는 게임을 할 때 말이야.
쌤이 한 번 이겼거든.
그런데 친구가 이기려고 좀 더 빨리 가다가
전봇대에 뒤통수를 부딪쳤어.
무지 아파하더라.

뒤로 걷는 거 말이야,
기분도 별로인데 위험하기까지 해.
진짜 별로야.

이젠 정면을 보고 앞으로 나아가자.
그러면 네가 말하는 '옛날'보다 더 아름다운 시절이
네 앞에 기다리고 있을 거야.

이제 그만,
앞으로 걷자.

뻥튀기가 되기 전에

혼자 생각만 하지 말고
말을 해.

생각은 뻥튀기 같아
그냥 놔두면 쌀알인데
계속 가지고 있으면
뻥튀기가 돼서 엄청 커져.

특히 서운하고 아프고 슬픈 생각은
더욱 빨리 뻥튀기가 돼.
게다가 뻥튀기가 될 때
소리도 엄청 크게 나지.
그렇게 되면 너도 감당하기 힘들어져.

사실은 엄청 작은 쌀알 같은 미움이었는데
그렇게 감추고만 있다가
엄청나게 커진 후에야 마주할 거야?
그러지 마, 누구보다 네가 아플 거야.

감추고 끙끙대며 생각만 하지 말고
입 밖으로 꺼내 봐.

그때 너무 서운했어.
그 말이 나에게 상처가 되었어.
그 이후로 나는 네가 미워졌어.
그 행동이 날 아프게 하더라.

**아직 쌀알이니까 괜찮아.
툭 꺼내놓고 마주해.**

그럼 또 같은 크기의 미안함이 돌아오며 대구할 거야.

그랬구나.
미안해, 몰랐어.
진작 말하지 그랬어.
미안해, 네가 이해해줘.

뻥튀기가 되기 전에
툭 꺼내놓아 버려.

너를 향한 큰 계획이 있어

꼭 계획을 꼼꼼히 세우는 사람이
성공할 수 있는 거냐고?

그럴 수도 있지
아닐 수도 있고.

나는 계획을 세우기는 하는데
그 계획에 연연하지는 않는 거 같아.

너희를 처음 만나기 시작하고
너희 아픔에 매일 웃다 울고,
때론 울고불고했을 때 말이야.

외부에서 강의 요청이 오면,
어떻게 저를 아셨어요 라고 물으며
신기해했었어.

그렇게 강의를 다니기 시작하면서
강의 주제를 생각하고
또 새 강의안을 짜고
몇 번을 하고
뭐 이런 식의 계획을 짜기는 했었는데

그게 맘대로 되지는 않더라.

사람이 참
맘대로 하고 싶은데
맘대로 안 되면
내 맘이 싫어지더라고.

그래서
계획을 짜기는 하는데
나를 향한 더 큰 계획이 있다고 믿고
내 계획이 무너짐에 연연하지 않기로 했어.
그리고 그것이 나의 계획을 포함하는 계획이 되어버렸지.
앞으로 그렇게 가려고.

너도 그렇게 해보는 건 어때?

진짜 강해지는 법

강해지고 싶지?
쌤도 그랬는데.

난 그래서 빛이 되고 싶었다.
내가 있는 곳도 어두운 방안이었거든.
그곳에 어느 날,
문틈으로 빛 한 줄기가 들어왔는데
놀랍게도 그 방 전체가 밝아지더라고.

**어둠을 없앨 수 없다면
내가 빛이 되면 된다는 사실을
그때 깨달았지.**

그전에는
내가 무엇이든 상관없었어.
그저 빛이 가득한 방으로 옮겨 가고 싶었지.
그런데 그 빛을 만난 순간,
칠흑 같은 어둠 속도 괜찮겠더라.
내가 빛이 되면 되니까.

빛 속에 있으면 내가 빛이 되어도
아무도 모르지만

어둠 속의 빛은 엄청 튀어서
누구나 알 수 있잖아.

강해지고 싶어?
그래서 더 강한 어둠이 되고 싶어?
그 미움보다 더 강한 미움?
그 상처보다 더 깊은 상처?

그러지 말자.
그래 봤자 어둠에 묻힐 거야.
아무리 강해도 같이 깜깜한 걸 뭐.

그럼 어떻게 하냐고?
그곳에서 네가 빛이 되면 되잖아.
네 삶으로 그곳이 환해질 수 있게 말이야.

빛으로 가서 빛이 되면 누구도 빛이라 불러주지 않지만
어둠에서 빛이 되면 "빛이다!"하고 반가워하는 소리가
여기저기서 들릴 거야.
그 소리를 들으며 네 삶도 웃게 될 거고.

그곳이 어둠이라 탓하지 말고 네가 빛이 되면 좋겠어, 쌤은.
그게 진짜 강해지는 거라고 생각해.

사랑도
바라보고 느껴야
심장에 닿는 거야!

사랑이 심장에 닿는 법

쌤이 말이야,

얼마 전에 어느 사무실에 놀러 갔거든.

그런데 그 사무실 창문으로 보이는 풍경이 죽이더라.

서울인데 서울이 아니더라고.

창밖으로 산이 펼쳐져 있는데,

완전 여행 온 거 같았지.

쌤이 그 횡재를 그냥 지나쳤겠냐?

주스를 들고 테라스로 나가 풍경을 한참 바라봤어.

얼마나 숨통이 트이고, 마음이 상쾌해지는지.

너무 좋았는데, 벌이 날아오는 통에 할 수 없이 자리에서 일어났지.

벌이 왜 날아왔냐고?

야, 꽃이 있으니까 벌이 왔지. 당연한 거 아니야?

ㅎㅎ 이노무 쉬키, 눈빛 봐라.

그래, 구라임. 인정!! ㅎㅎ

사실은 쌤이 포도 주스를 먹고 있어서 그 단맛을 맡고 온 모양이야.

아무튼 너무 좋았어. 속이 뻥 뚫렸지.

그리고 사무실 사람들과 같이 점심을 먹으러 가는데,

내가 "사무실 풍경이 너무 좋아서 행복하겠어요"라고 말했거든.

그랬더니 직원 한 명이

"그렇지도 않아요. 항상 있는 풍경이라 있는지도 모르겠어요.

사랑도 바라보고 느껴야 심장에 닿는거야

테라스에 나가본 지도 꽤 됐어요."라고 말하는 거야.

그거야, 쌤이 하고 싶은 말.

또또, 봐라. 이해 못 하고 있는 이 벙찐 표정.
네가 며칠 전에 물었잖아.
사랑받는 거 같지 않다고.
엄마도 아빠도 형도 친구도 널 사랑하는 거 같지 않다고.
그 이야기를 하고 있는 거라고, 지금.

네가 받고 있는 사랑이 '항상'이어서 모르는 거야.
네 주위 사람들이 널 사랑하지 않는 게 아니라,
그 사랑이 항상 네 곁에 있어서 있는지도 모르는 거라고.
그 좋은 풍경을 보려면 테라스에도 나가보고 바라도 보고
느껴도 보고 그래야지.
옆에 있음 뭐해.
보지도 않음 그게 무슨 소용이야.

그러니까 짜슥아,
그들이 변한 게 아니라 네 맘이 무뎌진 거야.

짜슥, 이런 걸 우리 외할머니 표현으로 하면
호강에 겨워서 요강에 똥 싼다고 하는 거다.

사랑도, 바라보고 느껴야 심장에 닿는 거다.
이그, 이제 쫌 알겠냐?

우리 엄마가 천국 가기 전에
십자가 목걸이를 선물해주었어.

돌반지도 하나 안 남기고
다 팔아서 미안하다며,
스물한 살 내 생일에 금은방에 데려가
십자가 목걸이를 사줬어.

엄마 장례식 때
목걸이랑 귀걸이를 빼라고
어느 어른이 말씀하셔서
세수할 때도 빼지 않았던 목걸이를 뺐는데
경황없이 장례식을 치르다가
그만 잃어버리고 말았지.

그 뒤로 나는
가끔 스카프나
긴 목걸이를 두르는 일을 제외하고는
목걸이를 하지 않아.

그리고 오늘
엄마가 해준 것과 똑같은 목걸이를 선물 받았어.

내가 깔끔한 걸 좋아해서
엄마랑 함께 금은방에 갔을 때
아무 무늬도 큐빅도 없는
목걸이를 골랐는데, 그거랑 똑같더라.

닭갈빗집에서
매일 다섯 시간을 서서 일한다는 쉬키루가,
크리스마스 선물이라며 미니 쇼핑백을 내밀었지.
언젠가 내가 예쁘다고 했던,
천원으로 접은 하트와 함께.

혼자 있을 때 열어보라고 해서
헤어진 후에 열어보았는데
왈칵 눈물이 쏟아지더라.

울 엄마처럼 상처가 많은 쉬키루가
울 엄마처럼 힘들게 일해서 번 돈으로
큰 선물을 주었어.

우리 엄마는 자기 것 하나 안 사고
내 것만 하나 사주며 헤헤헤 웃었지.
뭐가 그렇게 좋아, 물으니까
목걸이가 예쁘잖아, 했었어.

내가 넘 맘에 든다고 하니까
쉬키도 자기가 선물받은 것처럼 좋아하더라.

그리고 나는 알아.
그건 목걸이가 예뻐서가 아니라
사랑을 전할 수 있어서, 라는 걸.

오늘부터 내 목에는
아주 예쁜 사랑이 걸려 있을 거야.

사랑해요, 엄마.
사랑한다, 내 쉬키.

사랑도 바라보고 느껴야 심장에 닿는거야

그 아버지도 그리워진다

어제 춘천에서 강의하고
가평에 있는 친정으로 갔다.
아버지와,
아버지를 감당하시는 것만으로도 무한 감사한
새어머니가 있는 집.

그 집에서 잠을 자고
오늘 포천으로 강의를 가는데
아버지가 기름 값을 주면 태워다주겠다는
제안을 했다.
"오만 원도 더 드는데 딱 오만 원만 내."
난 아버지 말을 순전히 믿고 제안을 받아들였으나
스마트폰 지도 검색에서 주유비까지
알려주는지 미처 몰랐다.
가는데 8970원. 오는데 7920원.

이 사실을 들은 아버지는
헛웃음을 흘리며
기계는 오차가 심한 거라며
끝까지 오만 원을 요구하셨고
나는 뭐 흔쾌히 응했다.
오는 길에 아버지가 물었다.

"너 애들한테 강의할 때 뭔 얘기하고 다니냐?"
나는 솔직히 대답했다.
"아빠가 정해놓은 통금이랑 회초리로 사용되던 큐대,
아빠 주량과 참이슬 영접 후에 행하는 가무.
뭐 이런 거 얘기함 좋아해."
아빠는 헛웃음을 흘렸다.

아빠의 헛웃음을 들으며 생각했다.
그토록 엄한 아버지도 참 감당하기 힘들었는데
이렇게 약해지는 아버지도 힘들다는 생각.

우리 아버지도 늙는다.
세상의 모든 아버지는 늙는다.

처음으로 그 엄했던 아버지가 그리워졌다.

사랑도 바라보고 느껴야 심장에 닿는거야

엄마한테 잘 해

한 녀석이 엄마를 잃었어.
뒤늦게 사실을 알고 장례식에 다녀왔어.

쌤은
결혼식은 몰라도
장례식은 목숨 걸고 가거든.
우리 엄마를 잃고 나서 생긴 생활 습관이랄까.

그때 알았거든.
슬픔은 나누면 진짜 반이 될 수도 있다는 걸.

녀석은 참 의연하더라.
장례식을 찾은 사람마다 죽음의 연유에 관해 물었고
녀석은 그때마다 차분하게 설명했어.
한 친구가 그 녀석에게 물었어.
어쩌면 그렇게 의연할 수 있냐고.

녀석이 대답했지.
엄마한테 잘 해.
엄마도 휴대폰처럼 갑자기
잃어버릴 수 있다는 걸
이제야 알아버렸어.

내 꿈

에헤라 친구야 내 꿈은 사랑이라
착하고 해맑은 맘속에 피어난
내 꿈은 사랑이어라

-정태춘, '에헤라 친구야' 중에서

청소년 쉬키들을 만나면
아무리 어른들이 무서워하는
쉬키라 할지라도
"참 아이구나"
싶어질 때가 있다.

착하고 해맑은 마음속을
아무도 들여다보지 못했을 뿐
너무 맑아서 화들짝 놀란 적이 많다.

누가 그랬지?
진짜 누가 이런 거야?
그런 생각이 들면
그 '누구'를 흠씬 패주고 싶을 만큼
미워진 적도 많아.

그 '누구'가
세상이든 제도든 어른이든 짐승이든
헤집어 놓지만 않았으면
투명할 정도로 맑은 쉬키였을 거라고,
여러 번 생각해.

그래서 욕심이 났나 봐.
나의 시커먼 속과 대비되는 그 맘속에
꽃 한 송이만 피우고 싶다고
욕심을 내고 있나 봐.

그래서 내 꿈은 사랑인가 봐.

아빠도 아파

이노무 쉬키!
네 눈에는 아빠가 그저 강해 보이지?
네가 그렇게 싫어해도 될 만큼 그렇지?

그래, 아빠가 약해서 보호해야하는 존재라는 것보다
그게 훨씬 낫긴 하다.
그런데 네가 모르는 게 있다.

아빠도 아프다는 거.

겉으로 말을 하지 않을 뿐이지
말을 해서 같이 힘든 거보다
혼자 다 감수하는 게 낫다고 생각하며
버티시는 거지.
아빠도 아파.

아빠라고 왜 돈을 조금 벌고 싶겠어?
더 많이 벌고 싶고 더 잘해주고 싶지.
그러고 싶은데 잘 안 되는 것뿐이지.
너도 공부 잘해서 더 기쁘게 해드리고 싶은데
잘 안 되는 것처럼 그런 거지.
아빠도 아파.

약한 걸 감추려면 더 강해 보여야 하니까
그런 것뿐이지.
아빠도 아파.

그동안 보지 않았던 아빠의 모습을 보려고 노력해봐.
퇴근길에 축 처져서 들어오는
아빠의 뒷모습이나 자신도 모르게 새어나오는 한숨.

아니면 네가 생전 하지도 않던
사랑 고백을 해봐.
"아빠, 힘내세요!"
"아빠, 사랑해요!"
그 한마디에 아이처럼 좋아하는 모습을
그것마저도 감추려고 하는 약함을 느껴 봐.

넌 모르지만 아빠도 아파.
아빠가 이해되지 않을 때
이 한마디를 떠올려 줘.

**아빠도 아파.
아빠도 사람이잖아.**

그럴 거라고 생각하고 보니까
그렇게만 보이는 거야.

사람은 참 웃긴 게
그렇다고 생각하면
그렇지 않다고 해도
그렇게 보여.

아닐지도 몰라.
아닐 수도 있어.

그 친구는
절대 그런 의도가 아닐지도 몰라.
너를 염두에 두고 한 말이 아닐 수도 있어.

너는 그럴 수도 있다는 걸 넘어서
그렇다고 생각하고
이미 그렇게 보고 있잖아.
그러니 미움만 쌓일 수밖에.

그 생각을 버리고
그 친구를 대해 봐.

그래도 힘들면 솔직하게 말해봐.
넌 이런 생각이 들어서 힘들다고.
네가 아니었음 좋겠다고.

네가 힘든 건
그 친구에 대한 네 생각이 틀렸으면 좋겠다는
바람이 숨어있는 거니까.

사람과 사람 사이에는
문제가 참 많은데 말이야.
그중 대부분은 솔직하게 말하는 것으로 풀려.

문제는 대부분
마음에 쌓아두고
오해가 가득한 상태에서
그 사람을 그런 사람으로
결정해버리기 때문에 생기거든.

지혜롭게,
네 진심을 담아 말하면
그 친구도 마음을 열어줄 거야.

사람들이 나에게 자주 하는 질문이 있어.

"작가님이 청소년을 이렇게 사랑하는 걸
그 아이들이 알까요?"

그럼 나는 이렇게 대답하지.

"상대방이 알아주기를 바라고
사랑한 적은 한 번도 없어요.
하지만 부메랑처럼 되돌아오는 사랑에
취한 적은 많지요.
그동안 돌아온 그 사랑만으로도
평생을 살기에 충분합니다."

어때?
그 친구가 네 마음을 몰라준다는 질문에
조금은 답이 되었니?

사랑은 말이야,
대가를 바라지 않아야 진짜가 아닐까?

이 세상 모든 일에는

대가가 따르지만,
적어도 사랑만은
대가 없이도 가능해야 하지 않을까?

사랑은 사랑이잖아.

상대가 네 마음을 알아주면 좋겠지만
그것과 상관없이 네사랑은 빛나는 거야.

**상대방이 알아주지 않아도
네 마음은 이미 사랑이니까.**

사랑은  계속 소리를 내

부산 해운대 근처에서 회의하고
청소년을 사랑하는 사람들과
밤샘토론이 이어졌어.

어느새 날이 밝았고,
잠깐 눈을 붙이고 나서 일어나니
내 마음에 햇살이 스며들었어.

아침 공기를 마시기 위해
창문을 열었는데,
파도 소리가 들리더라.

그런데 말이야,
나는 그 아침에 파도 소리를 들었지만
파도는 쉼 없이 계속 소리 내고 있었다는
생각이 들더라.

내 마음속 파도는
그 날 아침에만 소리를 냈지만
파도는 아마 지금도 계속 소리를 내고 있겠지?

사랑도 바라보고 느껴야 심장에 닿는거야

그리고
널 향한 사랑도 그럴 거야.

네가 느낀 시점,
그 이전과 이후에도
사랑은 현재진행형이라는 걸,
잊지말거라.

그리고
네 곁에 아무도 없다는 생각이 드는 순간
꼭 떠올리거라.

사랑은 계속 소리를 내고 있다.
네가 듣지 않아서
들리지 않을 뿐이지.

우리 엄마 죽고 나서 가장 듣기 싫었던 말.

"그래도 산 사람은 산다."

그래, 산 사람은 살더라.
몇 년 동안 넋을 놓고 간신히 넋이 돌아오면
문득문득 놀라고
미칠 것처럼 그리운 순간들을 마주하다
밥을 먹으면서 그 말이 끔찍하게 떠올라.

"그래도 산 사람은 산다."

그래, 살지.
내 사람 하나 지키지 못했다는
자책감을 안고 가슴으로 울며 살지.

가슴으로 운다는 거,
난 잘 몰랐는데
우리 외할머니를 보니까 알겠더라.

그리고 부모가 되어보니까 알겠더라.
청소년 쉼키들을 품다 보니까 알겠어.

내 새끼를 잃는 마음.
짐작할 수도 함부로 말할 수도 없는,
짐작만으로도 가슴이 찢어지는,
그 마음.

그런데 내가 아무리 알겠다고 해도
딸을 잃은 외할머니의 맘과 같을까?
아니, 아닐 거야.

지금,
그저 찢겨져 있는 부모의 맘을
우린 죽어도 모를 거야.

어쩜 말이야,
우리가 하는 모든 말이 칼일 수도 있어.

아무 말도 하지 말자.
어떤 판단도 추측도 그만하자.

우리가 함께할 수 있는 것은
그저 함께 우는 것일뿐.

우리가 할 수 있는 건 그것 뿐.
우리에게 남겨진 건 그것 뿐.

🎀 세월호 사건으로 희생된 모든 이들의 명복을 빕니다.

자신을 먼저 사랑해

마음이 약해질 대로 약해지면
참 힘들지?

약한 마음은
작은 칼질에도 피를 쏟아내고
미움만을 만들어낼뿐,
그걸 쏟아낼 엄두조차 못내지.

결국 속으로 속으로 들어가
멍울을 만들고
몸을 고장 내고
마음마저 누더기로 만들지.
아무 해결책 없이.

하지만 말이야.
그럴 때일수록 문제는,
자신의 마음, 그거 하나뿐이란다.

우선 마음을 추스르고
다시 강해지도록 노력해야 해.
그리고 너 자신에게 말해줘.

"괜찮아, 다 괜찮아.
다시 일어날 수 있어.
너라면 잘할 수 있을 거야."

자신을 사랑하지 못하는 사람은
그 누구도 사랑할 수 없다.
그러니까 우선 너 자신을 사랑해 보자.

마음이 또 글썽거리더라도
힘을 내 보자.

사랑한다, 쉬키루들

밤 열 시까지 알바 하는 쉬키루를 만나고 돌아오는 길.
한 시간 남짓 걸리는 거리를 걸어온다 하여
이유를 물었더니 버스비 아끼려고 그런단다.

나 땜에 버스를 타고 와서
미안한 마음 가득 안고
닭갈비와 치즈 볶음밥을 먹는데
치즈가 길게 늘어나는 걸 보니
이 쉬키루의 행복도
이렇게 길게 늘어났으면 좋겠다는 생각이 들었다.

치매에 걸린 할머니를 걱정하며,
아픈 사람들을 돕고 싶다는 쉬키루.

참 요즘 아이들 생각 없다는데,
문득 그건 그저 겉으로 본 모습,
그저 단면이 아닐까, 하는 생각이 들었다.

속으로 들어가면 갈수록 참 깊고 예쁘다.

오늘 스승님이
"밑 빠진 항아리가 오더라도 품을 수 있는 호수가 되라"고 하셨는데

사랑도 바라보고 느껴야 심장에 닿는거야

나보다는 쉬키루들이 호수여서
밑 빠진 나를 품을 때가 많다.

오늘 한 학교의 멘토로 선정되어
아이들의 질문에 답을 하고 있었는데,
이런 질문을 받았다.

"멘토님은 10년 뒤에 어떤 모습이 되고 싶으세요?"

나는 이렇게 대답했다.

"지금 이대로 쉬키루들을 만나며 살고 싶어.
괜히 어른이 되어서 이 녀석들을 만나지 못하면 어쩌지, 걱정이 돼.
그래서 어른은 안 될려고. 그런데 나도 모르게 될 수도 있을 거 같아."

**나는 밑빠진 나를 품어주는 너희를 계속 만나고 싶다.
사랑한다, 쉬키루들**

조금이라도 더 사랑할게

난 자신 없었어.
배가 가라앉는 상황일 때 내 목숨 따윈 상관없이
내 쉬키라고 부르는 너희를 먼저 챙길 거라
장담할 수 없었어.

그러나
내 쉬키들은 분명 내 걱정을 먼저 하며
우리가 더 창창하니 쌤 먼저 입어요,
하며 구명조끼를 줄 것이라는 건
확신할 수 있었지.

쉬키들을 알면 알 수록 내가 사랑하는 게 아니라
사랑받고 있다는 걸
매일매일 느낄 수 있으니까.

그러니까 나는 내가 조금이라도 더
사랑하고 싶어서 안달하는 거야.
지금까지는,
내가 더 사랑했다고 말할 수 있는 순간이
한순간도 없었으니까.

쌤이 조금이라도 더 사랑할 기회를 줘.

째는 **대답**

머리 스탈 하나도
잔소리하는 쉬키루들에게
큰 맘 먹고 한 번 물었다.

"쌤, 머리 자를까 기를까?"

잠깐, 답이 없는 사이
"쌤, 머리 아무렇게나 해도 예뻐요"
"머리 자르셔도 예쁠 거예요."
이런 답을 상상했는데,

쉬키루들의 현실적 답은 여전히 참담하다.

"모히칸처럼 해요!"
"반삭 추천!"

쩐다.
너희의 그 사랑 ㅎㅎ

✚ '올림'과 '버림'

내가 청소년이었을 때
아버지가 정해놓은 통금 시간은
일곱 시였어.

일곱 시가 넘으면 오 분마다 한 대.
일곱 시를 넘겨 집에 들어가는 날,
날 기다리는 건 아버지가 아니라
큐대였지.

오 분마다 한 대씩.
딱 뼈가 부러지지 않을 만큼
맞았어.

딱 뼈만 피해가는 느낌.
죽을 것처럼 아팠지만
이상하게 화가 나지 않았다.
집안의 법을 어긴 건 나였고
그 법이나 아버지를
바꿀 수는 없다고 생각했어.

그러다가 어느 날,
엄청나게 화가 나고 억울해서

사랑도 바라보고 느껴야 심장에 닿는거야

방에 들어가 소리 지르며
엉엉 울었어.

평소에는 팔 분부터 반올림 되어
두 대를 맞았는데
아버지가 기분이 나빴던 그 날,
나는 육 분 늦었고 평소보다 두 배 아프게
두 대를 맞았지.

그 이후,
수학 시간에 반올림을 배울 때
올림과 버림도 있다는 걸 알았고
나는 버림만 있으면 좋겠다고
생각했어.

내가 이해할 수 있는 규칙은
'오 분에 한 대씩'뿐이었으니까
오 분이 되지 않은 모든 분은
그냥 버려지기를 바랐던 거지.

내가 아빠를 이해할 수 있는 건
오직 그 규칙 안이었던 거야.
너도 그런 거지?
거기까지는 정말 이해할 수 있었는데
그 이상은 너의 한계를 넘는 일이니까
화나고 속상하고 이게 뭔가 싶고, 그런 거야.
쌤도 알아.

쌤도 그랬으니까.

쌤은 아빠가 늙기만 바랐어.
빨리 늙어서 약해지면 따질 것은 따지고
화가 나면 화도 내려고 그랬지.

그런데
진짜 아빠가 빨리 늙어버렸다.

그런데 그 화의 방향이
내게로 돌아오더라.
아빠가 빨리 늙기를 바랐던 나에게 돌아와
비수로 꽂혀.

네 생각보다 아빠는 빨리 늙으실 거야.
그리고 그렇게 약해진 모습이
널 더 아프게 할 거야.

쌤은 말이야,
네 미움을 이해하지만
미움만은 올리지 말고
버렸으면 좋겠어.

나중에 네가 쌤처럼 이렇게 많이 아플까 봐.

사랑도 바라보고 느껴야 심장에 닿는거야

과분한 사랑

12시가 넘으면 쉬키들의 긴급 연락이 오곤 해서
언제나 비상사태인데
오늘따라 긴장 늦추고 느긋하게 씻고 옷정리도 하고
핸드폰을 보니 40분 전에 카톡이……
"쌤, 주무세요?"
진짜 심장 떨어지는 줄 알았다.

예쁜 쉬키 둘이 와서
오늘 본 영화 얘기, 카톡 기다린 얘기
웃음 반 말 반 섞어 해주고는
우리 집 초딩들 주라고 초콜릿을 주고 간다.

술주정 받아줘야지 각오하고 나갔는데
술 한 잔 안 마시고 맨정신으로 와서 사랑만 주고 갔다.

맨날 취한 쉬키들 모습만 보다가
내가 사랑에 취해보니 어디에다 주정이라도 부리고 싶다.

눈물 나게 예쁜 사랑.
과분해 죽겠다.

다른 사람이고 싶다는
쉬키루 에게

그래,
가능성은 있겠지.

네 말대로
네가 좀 더 똑똑했다면
엄마가 널 더 사랑할 수도
네가 키가 더 컸다면
그 친구가 너에게 반했을 수도
네가 상냥한 사람이었다면
친구가 더 많았을 수도 있지.

그래,
네가 지금보다 훨씬 괜찮은 사람이었다면
네 삶이 지금보다 나았을지도 몰라.

그런데 그게 무슨 의미가 있어?

네가 더 괜찮아진다는 건
네가 아니라는 얘기잖아.
네가 아닌 다른 사람이 된다는 거잖아.

그건 아무 의미가 없어.

사랑도 바라보고 느껴야 심장에 닿는거야

엄마, 아빠, 친구... 그리고
네 주위의 모든 사람은
널 사랑하는 거니까.

네가 아닐 가능성이 수억 수만 가지라 해도
아무 의미가 없는 거야.

그들이 사랑하는 건 바로 너니까.

청소년 쉬키루들에게

지은이   오선화
ⓒ오선화, 2014

이 책의 편집과 교정은 양은희가, 디자인은 노영현이, 출력은 거호출력
최영빈이, 인쇄는 미광원색 김기창이, 제본은 정성문화사 강민구가, 종이
공급은 대현지류의 이병로가 진행해 주셨습니다. 이 책의 성공적인 발행
을 위해 애써주신 다른 모든 분들께도 감사드립니다. 틔움출판의 발행인
은 장인형입니다.

초판 1쇄 발행 2014년 7월 21일
초판 2쇄 발행 2019년 8월 30일

펴낸 곳   틔움출판
출판등록   제313-2010-141호
주소   서울특별시 마포구 월드컵북로4길 77, 3층
전화   02-6409-9585
팩스   0505-508-0248
홈페이지   www.tiumbooks.com   www.facebook.com/tiumbooks

ISBN 978-89-98171-12-4 13320

틔움은 책을 사랑하는 독자, 콘텐츠 창조자, 제작과 유통에 참여하고 있는 모든 파트너들과 함께 성장합니다.